信愿念佛

中国佛学经典宝藏

48

印光 著　王静蓉 编

星云大师总监修

人民东方出版传媒
东方出版社

总序

星云

自读首楞严，从此不尝人间糟糠味；

认识华严经，方知已是佛法富贵人。

诚然，佛教三藏十二部经有如暗夜之灯炬、苦海之宝筏，为人生带来光明与幸福，古德这首诗偈可说一语道尽行者阅藏慕道、顶戴感恩的心情！可惜佛教经典因为卷帙浩瀚、古文艰涩，常使忙碌的现代人有义理远隔、望而生畏之憾，因此多少年来，我一直想编纂一套白话佛典，以使法雨均沾，普利十方。

一九九一年，这个心愿总算有了眉目。是年，佛光山在中国大陆广州市召开"白话佛经编纂会议"，将该套丛书定名为《中国佛教经典宝藏》①。后来几经集思广

---

① 编者注：《中国佛教经典宝藏》丛书，大陆出版时改为《中国佛学经典宝藏》丛书。

益，大家决定其所呈现的风格应该具备下列四项要点：

一、启发思想：全套《中国佛教经典宝藏》共计百余册，依大乘、小乘、禅、净、密等性质编号排序，所选经典均具三点特色：

1. 历史意义的深远性

2. 中国文化的影响性

3. 人间佛教的理念性

二、通顺易懂：每册书均设有原典、注释、译文等单元，其中文句铺排力求流畅通顺，遣词用字力求深入浅出，期使读者能一目了然，契入妙谛。

三、文简意赅：以专章解析每部经的全貌，并且搜罗重要的章句，介绍该经的精神所在，俾使读者对每部经义都能透彻了解，并且免于以偏概全之谬误。

四、雅俗共赏：《中国佛教经典宝藏》虽是白话佛典，但亦兼具通俗文艺与学术价值，以达到雅俗共赏、三根普被的效果，所以每册书均以题解、源流、解说等章节，阐述经文的时代背景、影响价值及在佛教历史和思想演变上的地位角色。

兹值佛光山开山三十周年，诸方贤圣齐来庆祝，历经五载、集二百余人心血结晶的百余册《中国佛教经典宝藏》也于此时隆重推出，可谓意义非凡，论其成就，则有四点可与大家共同分享：

一、**佛教史上的开创之举**：民国以来的白话佛经翻译虽然很多，但都是法师或居士个人的开示讲稿或零星的研究心得，由于缺乏整体性的计划，读者也不易窥探佛法之堂奥。有鉴于此，《中国佛教经典宝藏》丛书突破窠臼，将古来经律论中之重要著作，做有系统的整理，为佛典翻译史写下新页！

二、**杰出学者的集体创作**：《中国佛教经典宝藏》丛书结合中国大陆北京、南京各地名校的百位教授、学者通力撰稿，其中博士学位者占百分之八十，其他均拥有硕士学位，在当今出版界各种读物中难得一见。

三、**两岸佛学的交流互动**：《中国佛教经典宝藏》撰述大部分由大陆饱学能文之教授负责，并搜录台湾教界大德和居士们的论著，借此衔接两岸佛学，使有互动的因缘。编审部分则由台湾和大陆学有专精之学者从事，不仅对中国大陆研究佛学风气具有带动启发之作用，对于台海两岸佛学交流更是帮助良多。

四、**白话佛典的精华集萃**：《中国佛教经典宝藏》将佛典里具有思想性、启发性、教育性、人间性的章节做重点式的集萃整理，有别于坊间一般"照本翻译"的白话佛典，使读者能充分享受"深入经藏，智慧如海"的法喜。

今《中国佛教经典宝藏》付梓在即，吾欣然为之作序，并借此感谢慈惠、依空等人百忙之中，指导编修；吉广舆等人奔走两岸，穿针引线；以及王志远、赖永海等大陆教授的辛勤撰述；刘国香、陈慧剑等台湾学者的周详审核；满济、永应等"宝藏小组"人员的汇编印行。由于他们的同心协力，使得这项伟大的事业得以不负众望，功竟圆成！

《中国佛教经典宝藏》虽说是大家精心擘划、全力以赴的巨作，但经义深邈，实难尽备；法海浩瀚，亦恐有遗珠之憾；加以时代之动乱，文化之激荡，学者教授于契合佛心，或有差距之处。凡此失漏必然甚多，星云谨以愚诚，祈求诸方大德不吝指正，是所至祷。

一九九六年五月十六日于佛光山

原版序
敲门处处有人应

慈惠

　　《中国佛教经典宝藏》是佛光山继《佛光大藏经》之后，推展人间佛教的百册丛书，以将传统《大藏经》精华化、白话化、现代化为宗旨，力求佛经宝藏再现今世，以通俗亲切的面貌，温渥现代人的心灵。

　　佛光山开山三十年以来，家师星云上人致力推展人间佛教，不遗余力，各种文化、教育事业蓬勃创办，全世界弘法度化之道场应机兴建，蔚为中国现代佛教之新气象。这一套白话精华大藏经，亦是大师弘教传法的深心悲愿之一。从开始构想、擘划到广州会议落实，无不出自大师高瞻远瞩之眼光，从逐年组稿到编辑出版，幸赖大师无限关注支持，乃有这一套现代白话之大藏经问世。

　　这是一套多层次、多角度、全方位反映传统佛教文化的丛书，取其精华，舍其艰涩，希望既能将《大藏经》

深睿的奥义妙法再现今世，也能为现代人提供学佛求法的方便舟筏。我们祈望《中国佛教经典宝藏》具有四种功用：

一、是传统佛典的精华书

中国佛教典籍汗牛充栋，一套《大藏经》就有九千余卷，穷年皓首都研读不完，无从赈济现代人的枯槁心灵。《宝藏》希望是一滴浓缩的法水，既不失《大藏经》的法味，又能有稍浸即润的方便，所以选择了取精用弘的摘引方式，以舍弃庞杂的枝节。由于执笔学者各有不同的取舍角度，其间难免有所缺失，谨请十方仁者鉴谅。

二、是深入浅出的工具书

现代人离古愈远，愈缺乏解读古籍的能力，往往视《大藏经》为艰涩难懂之天书，明知其中有汪洋浩瀚之生命智慧，亦只能望洋兴叹，欲渡无舟。《宝藏》希望是一艘现代化的舟筏，以通俗浅显的白话文字，提供读者遨游佛法义海的工具。应邀执笔的学者虽然多具佛学素养，但大陆对白话写作之领会角度不同，表达方式与台湾有相当差距，造成编写过程中对深厚佛学素养与流畅白话语言不易兼顾的困扰，两全为难。

三、是学佛入门的指引书

佛教经典有八万四千法门，门门可以深入，门门是无限宽广的证悟途径，可惜缺乏大众化的入门导览，不易寻觅捷径。《宝藏》希望是一支指引方向的路标，协助十方大众深入经藏，从先贤的智慧中汲取养分，成就无上的人生福泽。

四、是解深入密的参考书

佛陀遗教不仅是亚洲人民的精神归依，也是世界众生的心灵宝藏。可惜经文古奥，缺乏现代化传播，一旦庞大经藏沦为学术研究之训诂工具，佛教如何能扎根于民间？如何普济僧俗两众？我们希望《宝藏》是百粒芥子，稍稍显现一些须弥山的法相，使读者由浅入深，略窥三昧法要。各书对经藏之解读诠释角度或有不足，我们开拓白话经藏的心意却是虔诚的，若能引领读者进一步深研三藏教理，则是我们的衷心微愿。

大陆版序一

（签名）

　　《中国佛教经典宝藏》是一套对主要佛教经典进行精选、注译、经义阐释、源流梳理、学术价值分析，并把它们翻译成现代白话文的大型佛学丛书，成书于二十世纪九十年代，由台湾佛光文化事业有限公司出版，星云大师担任总监修，由大陆的杜继文、方立天以及台湾的星云大师、圣严法师等两岸百余位知名学者、法师共同编撰完成。十几年来，这套丛书在两岸的学术界和佛教界产生了巨大的影响，对研究、弘扬作为中国传统文化重要组成部分的佛教文化，推动两岸的文化学术交流发挥了十分重要的作用。

　　《中国佛学经典宝藏》则是《中国佛教经典宝藏》的简体字修订版。之所以要出版这套丛书，主要基于以下的考虑：

　　首先，佛教有三藏十二部经、八万四千法门，典籍浩瀚，博大精深，即便是专业研究者，穷其一生之精力，恐也难阅尽所有经典，因此之故，有"精选"之举。

其次，佛教源于印度，汉传佛教的经论多译自梵语；加之，代有译人，版本众多，或随音，或意译，同一经文，往往表述各异。究竟哪一种版本更契合读者根机？哪一个注疏对读者理解经论大意更有助益？编撰者除了标明所依据版本外，对各部经论之版本和注疏源流也进行了系统的梳理。

再次，佛典名相繁复，义理艰深，即便识得其文其字，文字背后的义理，诚非一望便知。为此，注译者特地对诸多冷僻文字和艰涩名相，进行了力所能及的注解和阐析，并把所选经文全部翻译成现代汉语。希望这些注译，能成为修习者得月之手指、渡河之舟楫。

最后，研习经论，旨在借教悟宗、识义得意。为了将其思想义理和现当代价值揭示出来，编撰者对各部经论的篇章品目、思想脉络、义理蕴涵、学术价值等所做的发掘和剖析，真可谓殚精竭虑、苦心孤诣！当然，佛理幽深，欲入其堂奥、得其真义，诚非易事！我们不敢奢求对于各部经论的解读都能鞭辟入里，字字珠玑，但希望能对读者的理解经义有所启迪！

习近平主席最近指出："佛教产生于古代印度，但传入中国后，经过长期演化，佛教同中国儒家文化和道家文化融合发展，最终形成了具有中国特色的佛教文化，给中国人的宗教信仰、哲学观念、文学艺术、礼仪习俗等留下了深刻影响。"如何去研究、传承和弘扬优秀佛教文化，是摆在我们面前的一个重要课题，人民东方出版传媒有限公司拟对繁体字版的《中国佛教经典宝藏》进行修订，并出版简体字版的《中国佛学经典宝藏》，随喜赞叹，寥寄数语，以叙因缘，是为序。

二〇一六年春于南京大学

大陆版序二

依空

　　身材高大、肤色白皙、擅长军事的亚利安人，在公元前四千五百多年从中亚攻入西北印度，把当地土著征服之后，为了彻底统治这里的人民，建立了牢不可破的种姓制度，创造了无数的神祇，主要有创造神梵天、破坏神湿婆、保护神毗婆奴。人们的祸福由梵天决定，为了取悦梵天大神，需要透过婆罗门来沟通，因为他们是从梵天的口舌之中生出，懂得梵天的语言——繁复深奥的梵文，婆罗门阶级是宗教祭祀师，负责教育，更掌控了神与人之间往来的话语权。四种姓中最重要的是刹帝利，举凡国家的政治、经济、军事、文化等等都由他们实际操作，属贵族阶级，由梵天的胸部生出。吠舍则是士农工商的平民百姓，由梵天的膝盖以上生出。首陀罗则是被踩在梵天脚下的土著。前三者可以轮回，纵然几世轮转都无法脱离原来种姓，称为再生族；首陀罗则连轮回的因缘都没有，为不生族，生生世世为首陀罗，子孙也倒霉跟着宿命，无法改变身份。相对于此，贱民比首陀罗更为卑微、低贱，连四种姓都无法跻身其中，只能从事挑粪、焚化尸体等最卑贱、龌龊的工作。

出身于高贵种姓释迦族的悉达多太子，为了打破种姓制度的桎梏，舍弃既有的优越族姓，主张一切众生皆平等，成正等觉，创立了佛教僧团。为了贯彻佛教的平等思想，佛陀不仅先度首陀罗身份的优婆离出家，后度释迦族的七王子，先入山门为师兄，树立僧团伦理制度。佛陀更严禁弟子们用贵族的语言——梵文宣讲佛法，而以人民容易理解的地方口语来演说法义，这就是巴利文经典的滥觞。佛陀认为真理不应该是属于少数贵族、知识分子的专利或装饰，而应该更贴近普罗大众，属于平民百姓共有共知。原来佛陀早就在推动佛法的普遍化、大众化、白话化的伟大工作。

佛教从西汉哀帝末年传入中国，历经东汉、魏晋南北朝、隋唐的漫长艰巨的译经过程，加上历代各宗派祖师的著作，积累了庞博浩瀚的汉传佛教典籍。这些经论义理深奥隐晦，加以书写的语言文字为千年以前的古汉文，增加现代人阅读的困难，只能望着汗牛充栋的三藏十二部扼腕慨叹，裹足不前。

如何让大众轻松深入佛法大海，直探佛陀本怀？佛光山开山宗长星云大师乃发起编纂《中国佛教经典宝藏》。一九九一年，先在大陆广州召开"白话佛经编纂会议"，订定一百本的经论种类、编写体例、字数等事项，礼聘中国社科院的王志远教授、南京大学的赖永海教授分别为中国大陆北方与南方的总联络人，邀请大陆各大学的佛教学者撰文，后来增加台湾部分的三十二本，是为一百三十二册的《中国佛教经典宝藏精选白话版》，于一九九七年，作为佛光山开山三十周年的献礼，隆重出版。

六七年间我个人参与最初的筹划，多次奔波往来于大陆与台湾，小心谨慎带回作者原稿，印刷出版、营销推广。看到它成为佛教徒家中的传家宝藏，有心了解佛学的莘莘学子的入门指南书，为星云大师监修此部宝藏的愿心深感赞叹，既上契佛陀"佛法不舍一众"的慈悲本怀，更下启人间佛教"普世益人"的平等精神。尤其可喜者，欣闻现大陆出版方东方出版社潘少平总裁、彭明哲副总编亲自担纲筹划，组织资深编辑精校精勘；更有旅美企业家鲁彼德先生事业有成之际，秉"十方来，十方去，共成十方事"之襟怀，促成简体字版《中国佛学经典宝藏》的刊行。今付梓在即，是为序，以表随喜祝贺之忱！

二〇一六年元月

目 录

云开月露

——序印光大师文选之一

王静蓉

自己以信愿感佛，

佛以慈悲摄受，

感应道交，必能仗佛慈力，带业往生。

在印光大师的《文钞》所开展的，几乎都不离这句话的意旨，他屡屡告诉众人：以信念以愿力去学习佛陀的慈悲吧！专心一致、全生命地投入吧！当能与佛相感相印，能将生活的苦恼止息，流露智慧的境地。

百丈禅师《丛林要则》里说过"佛事以精严为切实"，当你我确定了以佛法为生命自此岸驶向彼岸的渡船，便要专精实修，择一相契相感的法门，把心定妥，依法而行，向生命挖宝。

清净佛性，无碍智慧便是生命至宝。欲得此宝，有人习禅，有人修密，有人归向净土法门。净土宗的亲切、平易、朴实、方便，使得台湾本土有许许多多人修习它。

一句佛号，常持心田，要以怎样的念头、态度、心境去持诵它？为何持佛名号就能与佛相感，蒙佛利益，念佛念得欢喜流露、法悦充满呢？一句佛号背后所依的理为何？诸位行者所生起的疑问，皆可向印光大师发问，能得到圆满的回答。

《印光大师文钞》卷帙浩繁，市面上早有完整收录本（惜无导读与标点）。我因为一殊胜因缘得以进入大师的智言慧语中，深深臣服，深深感佩大师这般的理明义清，在自己智慧圆融之余，还能不厌其烦地为诸佛弟子举说法，让弟子得以对念佛法门更生净信。因缘于这样的感谢，遂整编了这版本新颖、印刷清晰的现代版印光大师文钞选读——《信愿念佛》，每篇并做了简要引言，以带领读者进入文章大意，并且于每篇文前做了精彩摘句，让读者能于生活中随时读诵，深入识田。

读者由文前的精彩摘句足以一窥心法，也能厘清学佛念佛者的疑团。当然，本书之编选不在外在知识的累积，或者史料的完整收集，而确确实实仅在于呈现一位净土大师的智慧，以帮助彷徨、忙碌而有心学佛的现代人凭借指标，一得法喜清凉。

所以，在资料性与重要性的收集上，这本书可能有不足，这可得请学者先进们包涵，但它能够提供的是一剂自然之法，法意含蕴其间，以大师的教诲循序做去，将能体得乌云散去，皎月澄现这份解脱尘劳的欢喜。

愿诸位行者因本书的阅读能出离娑婆，入极乐做嘉宾。愿我们见贤思齐，向印光大师学习信深愿切，早日化身为净土清莲！

中兴净宗印光大师行业记

真达　妙真　了然　德森等

妙契佛心，理事无碍

　　师讳圣量，字印光，别号常惭愧僧，陕西郃阳赵氏子。幼随兄读儒书，颇以圣学自任，和韩欧辟佛之议。后病困数载，始悟前非，顿革先心，出世缘熟。年二十一，即投终南山南五台莲华洞寺出家，礼道纯和尚剃染，时清光绪七年辛巳岁也。明年于陕西兴安县双溪寺，印海定律师座下受具。师生六月即病目，几丧明。后虽愈，而目力已损，稍发红，即不能视物。受具时，以师善书，凡戒期中所有写法事宜，悉令代作。写字过多，目发红如血灌，幸师先于湖北莲华寺充照客时，于晒经次，得读残本《龙舒净土文》，而知念佛往生净土法门，乃即生了脱生死之要道。因此目病，乃悟身为苦本，即于闲时专念佛号。夜众睡后，复起坐念佛。即写字时，亦心不离佛。故虽力疾书写，仍能勉强支持。及写字竟，而目亦全愈。由是深解念佛功德不可思议，而自行化他，一以净土为归，即造端于斯也。

师修净土，久而弥笃，闻红螺山资福寺，为专修净土道场，遂于二十六岁（光绪十二年丙戌）辞师前往。是年十月入堂念佛，沐彻祖之遗泽，而净业大进。翌年正月，告暂假朝五台，毕，仍回资福，历任上客堂香灯、寮元等职。三载之中，念佛正行而外，研读大乘经典，由是深入经藏，妙契佛心，径路修行，理事无碍矣。年三十（十六年庚寅）至北京龙泉寺为行堂，三十一（十七年辛卯）住圆广寺。越二年（十九年癸巳）普陀山法雨寺化闻和尚，入都请藏，检阅料理，相助乏人，众以师做事精慎，进之。化老见师道行超卓，及南归，即请伴行，安单寺之藏经楼。寺众见师励志精修，咸深钦佩，而师欿然不自足也。二十三年丁酉夏，寺众一再坚请讲经，辞不获已，乃为讲《弥陀经要解便蒙钞》一座。毕，即于珠宝殿侧闭关，两期六载，而学行倍进。出关后，由了余和尚与真达等，特创慧莲篷供养。与谛闲法师，先后居之。未几，仍迎归法雨。年四十四（三十年甲辰）因谛老为温州头陀寺请藏，又请入都，助理一切，事毕南旋，仍住法雨经楼。师出家三十余年，终清之世，始终韬晦，不喜与人往来，亦不愿人知其名字，以期昼夜弥陀，早证念佛三昧。

耳提面命，不离因果

然鼓钟于宫，声闻于外；德厚流光，终不可掩。一九一二年，师年五十有二，高鹤年居士，取师文数篇，刊入上海《佛学丛报》，署名常惭。人虽不知为谁，而文字般若，已足引发读者善根。逮一九一七年（五十七岁），徐蔚如居士得师与其友三书，印行，题曰《印光法师信稿》。一九一八年（五十八岁）搜得师文二十余篇，印于北京，题曰《印光法师文钞》。一九一九年（五十九岁）复搜得师文，再印《续编》，继合初续为一。一九二〇、一九二一两年，复有增益，乃先后铅铸于商务印书馆，木刻于扬州藏经院。一九二二至一九二六年间，迭次增广，复于中华书局印行，题曰《增广印光法师文钞》。

夫文以载道，师之《文钞》流通，而师之道化，遂滂浃于海内。如《净土决疑论》《宗教不宜混滥论》及《与大兴善寺体安和尚书》等，皆言言见谛，字字归宗，上符佛旨，下契生心，发挥禅净奥妙，抉择其间难易，实有发前人未发处。徐氏跋云："大法陵夷，于今为极，不图当世，尚有具正知正见如师者，续佛慧命，于是乎在。"又云："师之文，盖无一语无来历，深入显出，妙契时机，诚末法中应病良药，可谓善识法要，竭忱倾仰者矣。"当徐居士持书奉母，躬诣普陀，竭诚礼觐，恳求摄受，皈依座下，师犹坚持不许，指徐母子往宁波观宗寺皈依谛公。一九一九年，周孟由兄弟奉庶祖母登山，再四恳求，必请收为弟子，师观察时机，理难再却，遂为各赐法名，此为师许人皈依之始，而《文钞》亦实为之缘起也。

师之为文，不独佛理精邃，即格致诚正，修齐治平，五伦八德等，儒门经世之道，不背于净业三福者，亦必发挥尽致，文义典雅，所以纸贵洛阳，人争请读。由是而慕师道德，渴望列于门墙之善男信女，日益众多。或航海梯山，而请求摄受，或鸿来雁往，而乞赐法名；此二十余年来，皈依师座之人实不可以数计。即依教奉行，吃素念佛，精修净业，得遂生西之士女，亦难枚举。然则师之以文字摄化众生，利益世间，有不可思议者矣。

师之耳提面命，开导学人，本诸经论，流自肺腑，不离因果，不涉虚文。应折伏者，禅宿儒魁，或遭呵斥，即达官显宦，绝无假借；应摄受者，后生末学，未尝拒却，纵农夫仆妇，亦与优容。一种平怀，三根普利，情无适莫，唯理是依。但念时当叔季，世风日下，非提倡因果报应，不足以挽颓风而正人心；人根陋劣，非实行信愿念佛，决不能了生死而出轮回。故不拘贵贱贤愚，男女老幼，凡有请益，必以诸恶莫作，众善奉行，因果报应，生死轮回之实事实理，谆谆启迪，令人深生憬悟，以立为人处世之根基。进以真为生死，发菩提心，信愿念佛，求生西方之坦途要道，教人切实奉行，以作超凡入圣之捷径。虽深通宗教，从不谈玄说妙，必使人人皆知而能行，闻者悉皆当下受益。此即莲池大师论辩融老人之言曰："此老可敬处，正在此耳！"因师平实无奇，言行合一，所以真修实践之士咸乐亲近，致使叩关问道者，亦多难胜数。且师以法为重，以道为尊，名闻利养，不介于怀。一九二二年（六十二岁）定海县知事陶在东、会稽道道尹黄涵之，汇师道行，呈请大总统徐，题赐"悟彻圆明"匾额一方，赍送普陀，香花供养，极盛一时，缁素欣羡，师则若罔闻知。有叩之者，答以虚空楼阁，自无实德，惭愧不已，荣从何来等语。当今竞尚浮夸之秋，而淡泊如师，实足挽既倒之狂澜，作中流之砥柱，若道若俗，获益良多。

代佛宣化，挽救人心

师俭以自奉，厚以待人。凡善信男女，供养香敬，悉皆代人广种福田，用于流通经籍与救济饥贫，但权衡轻重，先其所急，而为措施。如一九二六年（六十六岁）长安被困解围后，即以印《文钞》之款，急拨三千圆，托人速汇赈济，凡闻何方被灾告急，必尽力提倡捐助，以期救援。一九三五年（七十五岁）陕省大旱，得王幼农居士函告，即取存折，令人速汇一千圆助急赈。汇后，令德森查账，折中所存仅百余圆，而报国寺一切需用，全赖维持，亦不介意。一九三六年（七十六岁）应上海护国息灾法会说法时，闻绥远灾情严重，即对众发表，以当时一千余人皈依求戒等香敬，计洋二千九百余圆，尽数捐去，再自发原存印书之款一千圆为倡。及回苏，众在车站迎接，请师上灵岩，观近年景象，犹急往报国，取折饬汇讫，而后伴众登山。师之导众救灾，己饥己溺之深心，类皆如是。

魏梅荪、王幼农等居士，在南京三汊河发起创办法云寺放生念佛道场，请师参加，并订定寺规。继由任心白居士，商请上海冯梦华、王一亭、姚文敷、关䌹之、黄涵之等诸居士，开办佛教慈幼院于其间。——皆仗师之德望，启人信仰，而得成就。且对慈幼院之教养赤贫子弟，师益极力助成，其中经费，由师劝募，及自捐者，为数颇巨。即上海市佛教会所办慈幼院，师亦力为赞襄。至其法施，则自印送《安士全书》以来，及创办弘化社，二十余年，所印各书，不下四五百万部，佛像亦在百万余帧，法化之弘，亦复旁薄中外。

综观师之一言一行，无非代佛宣化，以期挽救世道人心，俾贤才辈出，福国利民。而其自奉，食唯充饥，不求适口，衣取御寒，厌弃美丽。有供养珍美衣食，非却而不受，即转赠他人；若普通物品，辄令持交库房，俾大众共享，决不自用。此虽细行，亦足为末世佛子矜式者也。

师之维护法门，功难思议，其最重要者，若前次欧战时，政府有移德侨驻普陀之议，师恐有碍大众清修，特函嘱陈锡周居士，转托要人疏通，其事遂寝。一九二二年（六十二岁），江苏义务教育期成会会长等，呈准省府借寺庙作校舍，定海知事陶在东，函师挽救，师即函请王幼农、魏梅荪二居士设法，并令妙莲和尚奔走，遂蒙当局明令保护。一九二七年（六十七岁），政局初更，寺产毫无保障，几伏灭教之祸，而普陀首当其冲，由师舍命力争，始得苟延残喘。及某君长内政，数提庙产兴学之议，竟致举国缁素，惊惶无措。幸师与谛老在申，得集热心护法诸居士计议，先疏通某君，次派代表请愿，而议未实行。逮某君将退，又颁《驱僧夺产条例》，期次第剥夺，以达灭教目的。幸《条例》公布，某即交卸，得赵次陇部长接篆，师特函呈设法，遂无形取消。继嘱焦易堂居士等斡旋，始将《条例》修正，僧侣得以苟安。

一九三三、一九三四年（七十三、七十四岁），安徽阜阳古刹资福寺，唐尉迟敬德造供三佛存焉，全寺为学校占据；山西五台碧山寺广济茅蓬，横遭厄运，两皆涉讼官厅；当道偏听一面之辞，二寺几将废灭，各得师一函，忽转视听。广济因此立定真正十方永远安心办道之基础，资福亦从兹保全渐次中兴。一九三五年（七十五岁），全国教育会议，某教厅长提议全国寺产作教育基金，全国寺庙改为学校。议决，呈请内政部大学院备案。报端揭载，群为震惊。时由佛教会理事长圆瑛法师，及常务理事大悲明道诸师，关、黄、屈等诸居士，同至报国，叩关请示。师以卫教相勉，及示办法，返沪开会，公举代表，入都请愿，仗师光照，教难解除。

江西庙产，自一九三三至一九三六（七十六岁），四年之内，发生三次大风波，几有灭尽无遗之势。虽由德森历年呼吁，力竭声嘶，中国佛教会，亦多次设法，终得师之慈光加被，感动诸大护法，群起营救，一一达到美满结果，仍保安全。此其荦荦大者，其他小节，于一函或数言之下，消除劫难，解释祸胎，则随时随处，所在有之，不胜枚举。非师之道德，足以上感龙天，下孚群情，乌能至此。

化及囹圄，及于异类

师之无缘慈悲，化及囹圄，及于异类。一九二二、一九二三年，应定海县陶知事请，物色讲师，至监狱宣讲，乃推智德法师应聘。师令宣讲《安士全书》等，关于因果报应，净土法门各要旨，狱因多受感化。及沪上王一亭、沈惺叔等居士，发起江苏监狱感化会，聘师为名誉会长。讲师邓朴君、戚则周（即明道师在俗姓名）、乔恂如等居士，皆师之皈依弟子。由师示以心佛众生，三无差别，及注重因果，提倡净土，为讲演之要目。而狱官监犯，因之改过迁善，归心大法，吃素念佛者，亦大有其人，其于异类也。

一九三〇年（七十岁）二月，师由申太平，赴苏报国，铺盖衣箱，附来臭虱极多，孳生之蕃，致关房会客窗口与窗外之几上，夏秋间，均常见臭虱往来。有弟子念师年老，不堪其扰，屡请入内代为收拾，师皆峻拒不许。且云："此只怪自己无道德，古高僧不耐臭虱之扰，乃告之曰：'畜生，你来打差，当迁你单。'虱即相率而去。吾今修持不力，无此感应，夫复何言？"泰然处之，终不介意。至一九三三年（七十三岁）臭虱忽然绝迹，师亦不对人言，时近端午，德森念及问师，答曰："没有了。"森以为师年老眼花，一再坚请入内检查，确已净尽，了无踪迹，殆亦为师迁单去矣。师在关净课外，常持《大悲咒》加持水米，以赐诸医束手之危病者，辄见奇效。一日，报国藏经楼发现无数白蚁，师在山闻之，赐大悲水令洒之，白蚁从此绝迹，此为一九三八年夏事也。师之法力之神应，类多如此。

在家二众，深沾法益

师固不喜眷属，故无出家剃徒。然渴仰亲近，迭承训诲，深沾法益，在家二众，不可胜数。其出家缁侣，除与谛老法师为最相契之莲友外，而久承摄受，饱餐法乳，仍承以莲友相待者，过去则有了余和尚，现在尚有了清和尚及真达二人。确居学人之列者，已故，则有圆光、康泽、慧近、明道诸师；现在，尚有妙莲、心净二和尚，及莲因、明西二师，与妙真、了然、德森等。暨现在灵岩、报国二寺诸师，此乃指常久亲近，屡蒙教导提携，沐恩载德，有逾剃度师者。若随缘请益，通函问道，乃读师之《文钞》，流通各书，而沐法泽者，盖亦不可胜举。然则师虽不收徒弟，而中外真正佛子，实多数赖以为师。师又宿誓不做寺庙主，自客居法雨，二十余年，晦迹精修，绝少他往。自一九一八年印《安士全书》

以来，迭因事至沪，苦乏安居之所，真达于一九二二年翻造太平寺时，为师特辟净室一间，从此来沪，卓锡太平。而力护法门诸君子，如南京魏梅荪，西安王幼农，维扬王慧常，江西许止净，嘉兴范古农，沪上冯梦华、施省之、王一亭、闻兰亭、朱子桥、屈文六、黄涵之、关絅之等诸居士，或因私人问道，或因社会慈善，有所咨询，亦时莅太平，向师请益。至各方投函者，更仆难数，则太平兰若，名传遐迩，亦自师显。

至一九二八年（六十八岁）师因厌交通太便，信札太多，人事太繁，急欲觅地归隐。真达乃与关絅之、沈惺叔、赵云韶诸居士商。三居士遂将苏州报国寺，举以供养。即由弘伞、明道二人，前往接管，真达以数千圆修葺。故一九二九年，师离山在沪，校印各书，急欲结束归隐时，有广东弟子黄筱伟居士等数人，建筑精舍，决欲迎师赴香港，师已允往。真达乃以江浙佛地，信众尤多，一再坚留，终以法缘所在，遂于一九三〇年（七十岁）二月往苏，即就报国掩关。先是木渎灵岩，真达请于师，立为十方专修净业道场，一切规约章程，悉秉师志而定。三四年来，以旧堂狭隘，不能容众，正在设法改建堂寮，从事刷新。适师至苏，与灵岩咫尺，内外施设，请益多缘，而仰承指导，日就振兴。灵岩迄今推为我国净土宗第二道场者，岂偶然哉！

师在关中，佛课余暇，圆成《普陀》《清凉》《峨眉》《九华》各志之修辑，及函复弟子学人问法。今四山志早已出版流通，函答诸文，亦已有《文钞续编》印行；为师至苏以后之所赐者，可谓恒顺众生，无有疲厌者矣！逮一九三七年（七十七岁）冬，为时局所迫，苏垣势不可住，不得已，顺妙真等请，移锡灵岩，安居才满三载，孰料智积菩萨显圣之刹，竟为我师示寂归真之地耶！

诸根悦豫，正念分明，舍报安详

师之示寂也，预知时至。一九四〇年春，《复章缘净居士书》有云："今已八十，朝不保夕。"又云："光将死之人，岂可留此规矩？"逮冬十月二十七日，略示微疾，至二十八日午后一时，即命召集在山全体职事及居士等，至关房会谈。告众曰："灵岩住持，未可久悬。"即命妙真任之，众表赞同，乃詹十一月初九日，为升座之期，师云："太迟。"改选初四，亦云迟了，后择初一，即点首曰："可矣。"旋对众开示本寺沿革，达两小时余，后虽精神渐弱，仍与真达等，时商各事，恬适如常，无诸病态。初三晚，仍进稀粥碗许。食毕，语真达等云："净土法门，别无奇特，但要恳切至诚，无不蒙佛接引，带业往生。"此后精神逐渐疲惫，体温降低。初四早一时半，由床起坐云："念佛见佛，决定生西。"言讫，即大声念佛。二时十五分，索水洗手毕，起立云："蒙阿弥陀佛接引，我要去了，大家要念佛，要发愿，要生西方。"说竟，即移坐椅上，面西端身正坐。三时许，妙真至，承嘱咐云："汝要维持道场，弘扬净土，不要学大派头。"后不复语，只唇动念佛，延近五时，在大众念佛声中，安详西逝。

按数日之间，一切安排，如急促妙真实任住持等，虽不明言所以，确是预知时至之作略。身无一切病苦厄难，心无一切贪恋迷惑，诸根悦豫，正念分明，舍报安详，如入禅定。观师之一生自行化他，及临终瑞相，往生莲品，当然不在中下。师生于清咸丰十一年辛酉，十二月十二日辰时，寂于一九四〇年庚辰，十一月初四日卯时，世寿八十，僧腊六十。灵岩赖师以中兴，而得师示现生西模范，时节因缘，有不可得而思议者矣！慈谨卜明年辛巳二月十五，佛涅槃日，适师西逝百日之期，举火荼毗，奉灵骨塔于本山。

师之落叶归根，悟证如何？吾人博地凡夫，皆无他心道眼，不敢妄评。惟读师迭次出版之《文钞》与本年新印之《续编》，及凡经手流通各书，其提倡念佛，发挥道妙，自行化他，笃实修持之实行，有功净土，足征为乘愿再来之人无疑也。凡信愿念佛洞悉净宗确旨之士，当首肯斯言。真达等随侍最久，知之颇详，爰将师之一生行业，略述梗概，而为之记。

　　一九四〇年岁次庚辰腊月初八日真达、妙真、了然、德森等顶礼敬述

我所见闻的印公大师

道源

序言

印光老法师圆寂之后，无论僧俗一致公认为净土宗第十三代祖师；这是印祖在世数十年所修的自利利他之清净善因，所应当得到的清净善果。只此一点，就需要我们反省一下，我们要知道：一个人——尤其是出家人，身后所得到光荣，与身前所得到赞扬，是不大一样的。因为身前的赞扬，难免有人情、势力夹杂其间，多多少少总有些逢迎、奉承、应酬的意味。身后所得到的光荣，乃是"盖棺论定"，毫无世态混扰其间，那才是最纯洁、最真实的。

记得印祖在世时，有一位居士梦见大势至菩萨在上海弘化。他赶忙来到上海，原来印祖在"觉园"启建念佛七。这位做梦的居士，恍然领悟，原来印祖是大势至菩萨的应化身！此一消息，不胫而走，很快地传遍佛界。讵知印祖得闻之后，不但不生欢喜心，反而对这位居士毫不留情地痛呵一顿！由此事类推，设若印祖在世时，我们推举他老人家为净土宗第十三代祖师，一定要吃棒的。那么印祖已经往生了，大家为什么还要推尊他老人家为祖师呢？这正是越不要名越有名，净德所感，应当如是。

现在为印祖做纪念，大家执笔写纪念文章，都是由于一片钦仰恭敬之心，这才是最纯洁最真实的纪念。要写纪念印祖的文章，当然要写印祖的真修实行、中兴净宗等大功大德。但我以为不必写，因为《印光大师文钞》一书，流传颇广，佛界人士，几乎人手一册。其大功大行，已昭昭在人耳目，即使再写，反成赘言。再者，我也不敢写，因为我的笔力不健。倘若因为我的文笔拙劣，不但不能增加印祖的光明，反而给他老人家加上一层暗影，那真是佛头着粪、欲赞反毁了。所以我想写一些所见所闻的小事，或无伤大雅。

正说

行脚参方之艰难

印祖是陕西人，初出家即归心净土。逢到游方僧人，便问哪里有专修净土的道场，大家皆以红螺山相告。河北省怀柔县资福寺，建筑在红螺山上。自前清嘉庆年间，彻悟祖师住持该寺以来，弘扬净土，大兴莲宗，该寺遂成为有名的念佛道场。行脚僧有两句口头语："南有金山高旻，北有红螺上方。"这是说："要参禅，须到镇江金山江天寺，及扬州高旻寺；要学净，须到红螺山资福寺，及房山县上方山兜率寺。"红螺山之道风，直至民国，尚未衰落。是以一般行脚僧咸以此山奉告，印祖遂决意前往参学。及至红螺山，知客师看他很老实，不教他进念佛堂，派他当"行堂"。"行堂"之职务，是专为众僧盛饭添菜的。当了一期六个月，仍然不许他进念佛堂。印祖以为事与愿违，乃决计南游，行脚至汉口，听说有一莲华寺。修净土的人，一听到莲华二字，就觉得欢喜，即至该寺"挂单"。知客师仍然因为看他很老实，就请他当"库头"。

常住寺院的规矩，各殿堂的"香灯师"，每半个月十四、三十午后，到库房领取香烛灯油一次。印祖一库头师即时上楼为他们取物品，讵知印祖上楼不久，就听见扑通一声巨响，楼板剧烈震动，尘土弥漫室中，几位香灯师以为把什么重量的物件碰倒了，于是高声喊问："库头师！库头师！你把什么东西弄倒了？"楼上并无回声，大家觉得奇怪，于是一齐上楼，看看究竟。上楼一看，不得了，原来是库头师倒在楼板上不省人事了。而楼上热不可耐，大家赶快把他抬下楼来，一面活动他的手脚，一面用冷水喷面浇头，一面大声喊叫："库头师！库头师！"大家忙乱了一阵子，印祖才苏醒过来。这是怎么一回事呢？原来六月里天气很热，而汉口是一盆地，热得更厉害。莲华寺的库房，又是一座半楼；楼上的尺度既不够高，而上面盖的只是一层单瓦片。时在正午，烈火似的太阳，晒透瓦片，热气流通不出去，简直像一个蒸笼。印祖是西北人，没有抗热的习惯，因此一上楼就热晕过去了。印祖行脚数千里，一点佛法尚未学到，却几乎把性命送掉，足见行脚参方之艰难了。

住持修学之不易

我国佛教有四大名山：山西之五台山，为文殊菩萨之道场；四川之峨眉山，为普贤菩萨之道场；安徽之九华山，为地藏菩萨之道场；浙江之普陀山，为观音菩萨之道场。此四大名山，为行脚僧之必须朝拜者。印祖既到南方，遂发愿朝礼普陀。普陀山在定海县之东，距县百余里。孤峙海中，风景奇特。气候温和，炎夏不热。山中有"茅蓬"百余座，有"丛林"两座，即前山之普济寺，后山之法雨寺，简称为前寺、后寺，为挂单众之处。朝山者以前寺较为便利，故较多止宿于此。后山之地理环境颇为幽深，住人比较少，因此显出静雅宜人。大雄宝殿后面，有一座巍峨广阔的藏经楼，中间供有"明版""清版"两部《大藏经》。两边有四间宽大的寮房，是准备阅览的人住的，可是这时候除了一位香灯师外，却没有一位阅藏的人。这位香灯师也是北方人，跟印祖一见面就有缘，即劝印祖住下来看藏经，他就陪着印祖到客堂讨"阅藏单"，幸蒙准单，印祖从此住进藏经楼，一住就住了三十年。

普陀山是观音菩萨的道场，这句话也只是习惯的口头语。若欲名副其实，应当说是观音菩萨的香火地。道场二字，是有名无实了。这并不是说全山没有一个办道的人，有之，也都像印祖一样，只是隐居潜修而已。因此普陀山的宁静，也只是山水风景的宁静，人事方面却是相当复杂的。现在说一个小小的故事，也就可以知其大概了。

有一天，前寺请了一位新任的"维那师"。这位维那师是真心办道的老修行，曾在高旻寺住过三冬四夏，请过"堂主"，带过"维那"，出身是很高的。他接职之后，即到后寺向印祖请开示。并说出他的意愿，他说："普陀山是天下的名山，现在弄成这个样子，实在太不像话了。承前寺和尚看得起，命学人当维那，学人就要当职尽职，一定把禅堂的规矩整顿起来，给全山作一个模范。"印祖很诚恳地对他说："你发心整顿规矩是好的，但是不可操之过急，要知道普陀山不是高旻寺啊！"这位维那师，口中虽唯唯应是，心中并不以为然。

前寺禅堂里，住有二三十个人，这时有一个风气：大家都喜欢吸旱烟，每人有一支五六寸长的旱烟袋。新维那"进堂"，第一次"表堂"，就命令各人自动地把旱烟袋砸掉。因为他在高旻寺，请过"班首"，带过"职事"，有先声夺人之势，大家也就不敢公开在禅堂里吸烟了。可是吸烟的人是有瘾的，他们忍不住的时候，就偷偷地吸一下。吸过的烟味，被维那师闻到了，于是大发脾气，便实行"搜单"，结果，在"止单"位子下面，把旱烟袋统统搜出来了；在维那师的盛怒之下，一阵乱摔，破碎无余。大家虽然没有当面反抗，在背后却想出了软法子来报复他。

上晚殿了，念《弥陀经》，念到"六方佛"时，已经念到北方佛了，忽听一人高声念"南方世界亦有日月灯佛！……"于是大家跟着念下去。已经念到下方佛了，忽然又一高声"西方世界亦有无量寿佛！……"大家再接着念下去。如此三环九转地念，念了两点多钟，才把《弥陀经》念完，直把这位维那师气得几乎晕倒在大殿上，下了殿就"溜单"了。印祖能在普陀山住二三十年，是全靠"不出风头，不管闲事"八个字，才能相安无事的，足见住寺修学之不易了。

开创道场之方便

苏州灵岩山灵岩寺，是印祖开创的净土道场，观音菩萨是极乐世界的菩萨，把普陀山改成净土道场，不是名正言顺吗？普陀山是中国的名山，再加上印祖的大名，不是相得益彰吗？灵岩已片瓦无存，欲兴道场，必须重新建筑。普陀山之前寺、后寺，殿堂雄伟，僧寮完备；只要起香念佛，道场即已成就，不是事半功倍吗？提出这些问题来的人，都是对于普陀山的真实内情不大了解的。普陀山的前寺、后寺两大"丛林"，只能说是半十方，或者说是表面十方。因为前、后寺的住持大和尚，是由本山一百多个茅蓬里房头子孙选出来的，真正的十方僧、外海人是无权过问的。举此一例，已可以思过半矣了。其他的复杂问题也就不必多说了。

灵岩山寺之复兴，当然不是一日成功的。但只费了短短十几年的光阴，而竟能在一座荒山上，建筑起来前后四层正殿，以及配房僧寮，雄伟高大，精致庄严，不能不说是奇迹。凡是到过灵岩山的人，无不赞叹："这都是印光老法师的功德啊！"意思是说，因为有印祖帮忙化缘，才能修建起来这座大寺的。印祖从来不向人化缘，恐非外人所知了。那么重建灵岩寺的钱，是哪里来的呢？当然大多数都是印祖的皈依弟子布施的，可是印祖并不直接向他们化缘。这时印祖已离开普陀山，在苏州城内穿心街报国寺闭关。凡是来求皈依的，或是来请示的居士们，印祖都顺便介绍参观这座新成立的净土道场。他们到了山上，看见那么浩大的工程，自然会捐助资财的。这样毫不勉强，自动发心，才是清净布施，才能得到最大的功德哩。这都是印祖开创灵岩山净土道场的方便啊！

通结

印祖之所以成为净土宗一代祖师，自因其自利利他之大因缘大功德所成就。自利方面：如临命终时之自知时至，舍报安详。利他方面：如一部《文钞》，风行天下，见者闻者，莫不获益。又如兴建灵岩山，成为唯一

"中国佛学经典宝藏"丛书目录

深入经藏,智慧如海。
本套佛学经典适合系统的修习、诵读和佛堂珍藏。

微信扫码预定整套有大优惠。

咨询电话:010-57472496

"中国佛学经典宝藏"咨询单

"中国佛学经典宝藏"白话版系列丛书,共计132册,由星云大师总监修,大陆、台湾百余专家学者通力编撰而成。

丛书依照大乘、小乘、禅、净、密等分类,将古来经律论中之经典著作,依据思想性、启发性、教育性、人间性的原则,做了取其精华、舍其艰涩的系统整理。每种经典都按原文、注释、译文等体例编排,语言力求通俗易懂,言简意赅,让佛学名著真正做到雅俗共赏;还以题解、源流、解说等章节,阐述经文的时代背景、影响价值及在佛教历史和思想演变上的地位角色。丛书还开创性地收录了一些有代表性的现代读本。

本丛书是佛教史上将佛学经典现代化、通俗化、普及化的一个创举,对于佛教文化的传播与传承,有着非凡而深远的意义。

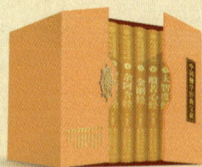

(全套132册,平装32开,精装16开,即时结缘 获无上福报)

主编及部分作者简介

总监修:星云大师

1927年生,江苏江都人,为临济宗第四十八代传人。1967年创建佛光山,致力推广文化、教育、慈善等事业,先后在世界各地创设三百余所寺院道场,并在海内外设立十六所佛教学院。1991年创办国际佛光会,被推为总会长。

部分作者:

圣严法师: 已故的台湾法鼓山创办人。著作有《戒律学纲要》《明末佛教研究》等。
赖永海: 南京大学哲学系教授、中华文化研究院院长,主要著作有《中国佛性论》《佛道诗禅》等。
王志远: 北京大学宗教系客座教授,中国社会科学院研究生院导师,中国宗教学会副会长。2008年主编出版《中国佛教百科》。

之净土道场，使出家者专修有处，在家者皈依有地。凡此荦荦大端，自有诸大德秉笔赞颂，我现在只把亲见亲闻于印祖的二三小事，写出来聊供参考。

佛门有两句常谈："没有天生的释迦，自然的弥勒。"一位伟人的成功，决不是侥幸得来的。我们在前面所写的二三事上，研究一下就可以发现印祖有一种超人的忍力。在红螺山当行堂，在莲华寺当库头，设若不能忍，也就返回陕西去了。在普陀山那个复杂的环境中，设若不能忍，如何能一住三十年？忍于逆境，已经不易，忍于顺境，则更为难。为建寺而化缘，岂非天经地义？无缘可化者，尚勉强去化。而是时之印祖，已芝兰满天下，皈依弟子中，正不乏有钱的大居士，而且已离开普陀，住在苏州，不会再受人之嫉妒障碍。若是化缘，正可以大化特化，而印祖竟能忍住不化，这种忍顺境的忍力，更非常人所及了。倘再推究其忍力之来源，当系得力于一"诚"字。因印祖之为人，过于老实，无论自行化他，皆是直来直去。即待人接物，亦毫无一点虚伪，所以在平凡中成其不平凡了。

1 卷一

本分事

　　真正的佛弟子，不是抛家弃父，放下他该尽的责任。"欲学佛法，先须克己慎独，事事皆从心地中真实做出。"学佛，不是违背心中真实的声音，也不是逃避什么。如果想借佛法逃避对内心的苛责，是行不通的。

与丁福保居士书

　　·故于父言慈，于子言孝。各令尽其人道之分，然后修出世之法。

　　·欲学佛法，先须克己慎独，事事皆从心地中真实做出。

近世士大夫，多守拘墟之见。有以因果报应、生死轮回之事理相告者，则曰："此稗官野史小说家凭空造者，何足信乎？"其人亦曾读经阅史，虽见此种事，亦不体察其所以然，其拘墟也仍复如是。居士将历史之因果报应、生死轮回等事，集之于一编之中。上而《麟经》，下及《明史》，其事迹的的可考。彼拘墟者读之，当必哑口不敢谓其无稽妄造矣！至于学佛一事，原须克尽人道，方可趣向。若于孝悌忠信、礼义廉耻等事，一不实践，虽终日奉佛，佛岂祐之哉？良以佛教该世出世间一切诸法。故于父言慈，于子言孝，各令尽其人道之分，然后修出世之法。譬如欲修万丈高楼，必先坚筑地基，开通水道，则万丈高楼，方可增修，且可永久不坏。若或地基不坚，必至未成而坏。语云："选忠臣于孝子之门。"学佛者亦复如是。

昔白居易问鸟窠禅师，曰："如何是佛法大意？"师曰："诸恶莫作，众善奉行。"欲学佛法，先须克己慎独，事事皆从心地中真实做出。若此人者，乃可谓真佛弟子。若其心奸恶，欲借佛法以免罪业者，何异先服毒药，后服良药？欲其身轻体健、年延寿永者，其可得乎？实验一书，堪破此弊。流通于世，大有利益。

又苏州彭希涑曾辑《二十二史感应录》，于历史中，摘录因果事实百八十余条，不知阁下曾有此书否？若有，宜一并排印，以辟拘墟者之眼界。又《二十四史》，奇事固多，居士博览无遗，宜将非凡情所测之事，如《欲海回狂》后所标者，并诸因果轮回等事，尽录而辑作一书，以为治国安民、了生脱死之一助，则其功德大矣。不知肯满我愚愿乎？

尘劳即解脱

开始修行的居士最常有的感慨，莫过是将工作与修行分为二，将红尘与灵山分为二。大师告诉我们要掌握住能"做主"的心，如此，尘劳即是解脱，尽一份责任，了一份业。因为如《金刚经》所阐示的，"众生当体是佛"，人人应把握的还是自己的角色与职责，那才是修行的好道场。

复宁波某居士书

·心有所主，不随境转，则即尘劳为解脱。发随喜心，亦属功德，以此培植福田，作往生之助行。

·内之根身，外之器界，五蕴包含净尽。能见其是空，则即五蕴，离五蕴。法法头头，皆是大解脱法门。

接手书，知治习之心，唯勤唯切。而消习之效，未得未见，其故何也？盖以生死心不切，而只将此超凡入圣，消除惑业，成就净念，作口头活计，故无实效也。倘知人身难得，佛法难闻，净土法门更为难闻。今幸得此大丈夫身，又闻最难闻之净土法门，敢将有限光阴，为声色货利消耗殆尽？令其仍旧虚生浪死，仍复沉沦六道，求出无期者乎？直须将一个死字（此字好得很），挂到额颅上。凡不宜贪恋之境现前，则知此吾之镬汤炉炭也，则断不至如飞蛾赴火，自取烧身矣。凡分所应为之事，则知此吾之出苦慈航也，则断不至当仁固让，见义不为矣。如是则尘境即可作入道之缘，岂必屏绝尘缘，方堪修道乎？盖心有所主，不随境转，则即尘劳为解脱。所以《金刚经》屡屡令人心不住相。发心度尽一切众生，而不见能度之我，所度之人与众生，并所得之无余涅槃之寿者相，方为真行菩萨道。

若见有我为能度，生为所度，及无余涅槃之所度法者。虽则度生，实于一乘实相之道，未能相契。以不了众生当体是佛，佛性平等平等；妄起凡情圣解，致无为利益，成有为功德矣。何况声色货利之贪恋粘着乎哉？

然人生世间，不可无所作为，但自尽谊尽分，决不于谊分之外，有所觊觎。士、农、工、商，各务其业，以为养身养家之本，随分随力执持佛号，决志往生。凡有力能及之种种善事，或出资、或出言，为之赞助。否则发随喜心，亦属功德。以此培植福田，作往生之助行。如顺水扬帆，更加橹棹；其到岸也，不更快乎？腊月三十日，乃一岁之尽日。倘预先未曾打叠得好，则债主怨家，群相系缚，哪容你过？临命终时，乃一生之腊月三十日也。倘信、愿、行资粮未具，贪、嗔、痴恶习犹存，则无量劫来怨家债主，统来逼讨，哪肯饶你？

莫道不知净土法门者，无可奈何，随业受生。即知而不务实修者，亦复如是，被恶业牵向三途六道中，永久轮回去也。欲求出苦之要，唯有念念畏死，及死而堕落三途恶道，则佛念自纯，净业自成。一切尘境，自不能夺其正念矣！

《心经》云："照见五蕴皆空，度一切苦厄。"内之根身，外之器界，五蕴包含净尽。能见其是空，则即五蕴，离五蕴。法法头头，皆是大解脱法门、大涅槃境界矣。

亲证吧！

"证"与"悟"是不同的。世人每美开悟之事，再说悟后渐修，但"悟"的品质堪疑，"修"能断"惑"否亦堪虑。只有净土法门只要具备：

一、真信切愿。

二、持佛名号。

三、诸恶莫作，众善奉行。

就能往生，大师说："而且品位优胜。"

复岳仙峤居士书

· 净土法门，但具真信切愿，持佛名号。"诸恶莫作，众善奉行。"正助合行，不但决定往生，而且品位优胜。

若欲此生亲得实益，当依净土法门，信愿念佛，求生西方，则可决定了生脱死。若不依念佛法门，且莫说未得佛教之真传者不能了，即得亦不能了。何以故？以得真传，乃大彻大悟，非是实证。证则可了，悟则未了。修余法门，皆须断惑证真，方了生死。

净土法门，但具真信切愿，持佛名号。"诸恶莫作，众善奉行。"正助合行，不但决定往生，而且品位优胜。

不但精粹纯笃之人，决定往生，即五逆十恶之流，临终能生大惭愧，生大怖畏，志心念佛数声，随即命终者，亦得决定往生。以佛慈广大，专以度生为事，一念回光，即蒙摄受。所谓仗佛慈力，带业往生也。

末世众生，不依净土，修余法门，但得人天福报，及作未来得度之因缘而已。以无力断惑，则生死根尚在，何能不发生死之苗芽乎哉？

每饭不忘

扫涤贪、嗔、痴是在家居士们修行的每饭不忘。印祖说：如果正念重，红尘不碍修行，一个人的修行之信愿重时，自然会奋力扫除贪、嗔、痴，令清净意来做主人。

复陈慧超居士书

·若知是贼，不许彼在自家中停留一刻，必须令其远去净尽，庶财宝不失，而主人安泰矣。

·若以贪、嗔、痴为自家正主，则如认贼为子，其家财宝必致消散矣。念佛时不能恳切者，不知娑婆苦，极乐乐耳！

·若不一心念佛，一气不来，定随宿生今世之最重恶业，堕三途恶道，长劫受苦，了无出期。

·若正念重，则余一切皆轻矣。是以真修行人，于尘劳中磨炼，烦恼习气，必使渐渐消灭，方为实在功夫。

接手书，知居士慕道之心，极其恳切，不胜欣慰。但以校定《安士书》，及诸冗务，不暇裁复，故迟至今。

贪、嗔、痴心，人人皆有。若知彼是病，则其势便难炽盛。譬如贼入人家，家中主人若认作家中人，则全家珍宝，皆被彼偷窃净尽。若知是贼，不许彼在自家中停留一刻，必须令其远去净尽，庶财宝不失，而主人安泰矣。古德云："不怕念起，只怕觉迟。"贪、嗔、痴一起，立即觉了，则立即消灭矣。若以贪、嗔、痴为自家正主，则如认贼为子，其家财宝必致消散矣。念佛时不能恳切者，不知娑婆苦，极乐乐耳！若念人身难得，中国难生，佛法难遇，净土法门更为难遇。若不一心念佛，一气不来，定随宿生今世之最重恶业，堕三途恶道，长劫受苦，了无出期。

如是则思地狱苦，发菩提心。菩提心者，自利利他之心也，此心一发，如器受电，如药加硫，其力甚大，而且迅速。其消业障、增福慧，非平常福德善根之所能比喻也。被境所转，系操持力浅。则喜怒动于中，好恶形于面矣。操持者，即涵养之谓也。若正念重，则余一切皆轻矣。是以真修行人，于尘劳中磨炼，烦恼习气，必使渐渐消灭，方为实在功夫。

在家人不随众，各人念佛。坐立绕跪，皆无不可。但不可执定一法，若执定，则人易劳而心或难得相应。当斟酌其自己之色力及功夫，而取其合宜行之，则有益矣。

若常途通行，宜先绕、次坐、次跪。绕跪皆觉辛苦，宜坐念。坐念若起昏沉，宜绕念，或立念。昏沉去，当复坐念。宜按钟，不宜掐珠，以掐珠难养心故。

《安士全书》实为末世最胜良导。尤惜阴居士极欲全国流布，俾大家同开眼界。由兹挽回世道人心，止息天灾人祸。现已募得一万余部，尚难广布。今寄上通告，并办法一张，祈阁下阅之，随分随力相助，随缘随机相劝。无力出资，则以言赞叹，令人发心，亦是功德。务使迷昧之流，闻晨钟而梦醒；贪恶之辈，见因果而心惊。人心若转，天灾自息。此系正本清源之道，即世谛浅近之法，而直达乎出世深远莫测之法之最胜方便也。凡在知交，当为劝发。无信心人，亦勿强劝，以系结善缘故。若一强勉，便杂烦恼，虽有小功，实获大咎。未能令彼得巨益，有碍自己利人心故。

修持专挚

入道多门，唯人志趣，无一定法。知道弘一大师要刺血写经，印光大师便写信前去，先劝弘一大师"先专修念佛三昧"，因刺血写经恐血亏神弱。若弘一大师坚持这么做，印光大师则会倾囊相授！

此文得见印光大师真是知行深刻，文中一一地说明如何用纸、用墨，如何并写、并修，如何刺血，十分有经验。

并说到刺血写经不应为博名而做，书写应存恭敬，让行为与修行合一，为己不为人，息心实求己益。

复弘一师书一

·先专志修念佛三昧，待其有得，然后行此法事。倘最初即行此行，或恐血亏神弱，难为进趣耳。入道多门，唯人志趣，了无一定之法。其一定者，曰诚、曰恭敬。

座下勇猛精进，为人所难能。又欲刺血写经，可谓重法轻身，必得大遂所愿矣。虽然，光愿座下先专志修念佛三昧，待其有得，然后行此法事。倘最初即行此行，或恐血亏神弱，难为进趣耳。入道多门，唯人志趣，了无一定之法。其一定者，曰诚、曰恭敬。此二事虽尽未来际诸佛出世，皆不能易也。而吾人以博地凡夫，欲顿消业累，速证无生，不致力于此，譬如木无根而欲茂，鸟无翼而欲飞，其可得乎？今将办法之利弊，并前人证验，略开一二，庶可随意作法矣。刺血写经，有专用血写者，有合金、合朱、合墨者。合金一事，非吾人力所能为。

憨山大师写经，系皇太后供给纸与金耳。金书之纸，须用蓝色方显，白色则不显。即蓝纸金字，亦不如白纸墨字及朱字之明了。光曾已见过矣。若合金、朱、墨等，则血但少许，以表其志诚心。

如憨山于五台妙德庵，刺舌血研金，写《华严经》。妙峰日刺舌血为二份，一份研朱书《华严经》，一份着蒙山施食中，施鬼神。高丽南湖奇禅师，见蕅益《弥陀要解》，欲广流通，刺舌血研墨写《要解》，用作刻板底样刻之。冀此书遍法界，尽来际以流通耳。

其写一字，礼三拜，绕三匝，称十二声佛名，可谓识见超拔，修持专挚者也。此三老之刺舌血，当不须另行作法，刺出即研金、朱、墨而写之便了，决非纯用血，当仍用水参合之。若专用血写，刺时先须接于小碗中，用长针尽力周匝搅之，以去其筋，则血不糊笔，方可随意书写。若不抽筋，则笔被血筋缚住，不能写之。古有刺血写《华严》，以血筋日堆，塑成佛像，有一寸余之高者。又血性清淡，着纸即散，了无笔画，成一血团。其纸必须先用白矾矾过，方可用。矾过之纸不渗，最省血。大纸店中有卖的，不须自制，此系备画工笔者之用也。其矾过之纸，格外厚重，又复经久。如黄纸已染者便坚实，未染之纸头即碜脆。古人刺血，或舌、或指、或臂、或胸前，亦不一定。若身则自心以下，断不可用，若用则获罪不浅。

不知座下拟书何经？若小部头，则舌血或可供用。若大部，及专用血书，则舌血恐难足用，须用指及臂血，方可告圆。以舌为心苗，取血过多，恐心力受伤，难于进修耳。

光近见刺血写经者，直是造业，以了无恭敬，刺血则一时刺许多。春秋时，过二三日即臭，夏日半天即臭，犹用以写。又有将血晒干，每写时，用水研干血以写之者；又所写潦草，毫不恭敬，直是儿戏。不是用血以表志诚，乃用刺血写经以博自己真心修行之名耳。窃谓指血、舌血，刺则不至太多，若臂则一刺或可接半碗血。与其久则臭而仍用，及晒干研而方用，似不若最初即用血合朱作锭，晒干听用。为不虚耗血，又不以臭血污经，为两适其宜矣。然此锭既无胶，恐久则朱落，研时宜用白芨再研，庶不至落。又将欲刺血，先几日即须减食盐及大料调和等。若不先戒食此等，则其血腥臊；若先戒食此等，则血便无浊气。

又写经不同写字屏，取其神趣，不必工整。若写经，宜如进士写策，一笔一画不容苟简，其体必须依正式体。若座下书札体格，断不可用。古今人多有以行草体写经者，光绝不赞成。所以宽慧师发心在扬州写《华严经》，已写六十余卷，其笔法潦草，知好歹者，便不肯观。光极力呵斥，令其一笔一画，毕恭毕敬。又令作《讼过记》以讼己过，告诫阅者。彼请光代作，故《芜钞》中录之，方欲以此断烦恼惑、了生死、度众生、成佛道，岂可以游戏为之乎？当今之世，谈玄说妙者，不乏其人，若在此处检点，则便寥寥矣。尤君来书，语颇谦恭，光复之，已又致谢函，可谓笃信之士。然仍是社会之知见，于佛法中仍不能息心实求其益，何以见之？今有行路之人，不知前途。欲问于人，当作揖合掌，而尤君两次来函，署名之下，只云合十，是以了生死法，等行路耳。且书札尚不见屈，其肯自屈以礼僧乎？光与座下心交，与尤君亦心交，非责其见慢，实企其获益耳。

即业识心

写经的目的是在临摹佛经时，借身心体会，渐将凡夫心识，转为如来智慧，所谓"即业识心，成如来藏"便是。

这是印光大师于前文之补充，仍在说明不要违背刺血写经真义，以免血耗神衰，当以念佛为紧要。

复弘一师书二

接手书，见其字体工整，可依此书经。夫书经乃欲以凡夫心识，转为如来智慧，比新进士下殿试场，尚须严恭寅畏，无稍怠忽。能如是者，必能即业识心，成如来藏，于选佛场中，可得状元。今人书经，任意潦草，非为书经，特借此以习字，兼欲留其笔迹于后世耳。如此书经，非全无益，亦不过为未来得度之因，而其亵慢之罪，亦非浅鲜。

座下与尤居士书，彼数日前亦来信。意谓光之为人，唯欲人恭敬，故于开首即称师尊，而印光法师四字亦不用。光已详示所以，座下信首，亦当仍用印光二字，不得过为谦虚，反成俗套；至于古人于同辈有一言之启迪者，皆以作礼伸谢，此常仪也，无间僧俗。今礼教陵替，故多多皆习成我慢自大之派头。学一才一艺，不肯下人，尚不能得，况学无上菩提之道乎？此光尽他山石之愚诚也。刺血写经一事，且作缓图，当先以一心念佛为要，恐血耗神衰，反为障碍矣，身安而后道隆。在凡夫地，不得以法身大士之苦行，是则是效，但得一心，法法圆备矣。

心若至诚，法法皆灵

心不至诚，法法不灵。心缘纷纷，不能解脱。

通宗通教的人，方能做真念佛人。一无所知、一无所能的人，但止口会说话，也可为真念佛人。真不真皆在于自己的努力——是否依教而行。

"念佛"是学佛人一大事，人们的疑问太多太多了，此文里，印光大师一一为你详细解明。

复永嘉某居士书一

·准提大悲，岂有优劣？心若至诚，法法皆灵；心不至诚，法法不灵。一句佛号，包括一大藏教，罄无不尽。通宗通教之人，方能做真念佛人。

·至于修行净土，有决定不疑之理，何必要问他人之效验？纵举世之人，皆无效验，亦不生一念疑心。

念佛之人，亦非不可持咒，但须主助分明，则助亦归主。若泛泛然无所分别，一目视之，则主亦非主矣。准提大悲，岂有优劣？心若至诚，法法皆灵；心不至诚，法法不灵。一句佛号，包括一大藏教，罄无不尽。通宗通教之人，方能做真念佛人。而一无所知一无所能之人，但止口会说话，亦可为真念佛人。去此两种，则真不真皆在自己努力，依教与否耳。至于修行净土，有决定不疑之理，何必要问他人之效验？纵举世之人，皆无效验，亦不生一念疑心，以佛祖诚言可凭故。若问他人效验，便是信佛言未极，而以人言为定，便是偷心，便不济事。英烈汉子，断不至舍佛言而取信人言。自己中心无主，专欲以效验人为前途导师，可不哀哉！随自意三昧，乃从凡至圣通途修法。其初发心菩萨，虽该摄一切凡夫，实则乃是三心圆发、三德圆证之圆初住菩萨（约别教则是初地）。以正因理心发，证法身德；了因慧心发，证般若德；缘因善心发，证解脱德。故能于十方世界，现十法界身，普应群机，上求下化。汝将初发心即凡夫之初发心修行者而已乎？

汝见金轮所示悟二空法证实相理，便踊跃欢喜，即欲担荷。光恐汝着魔，故详示其身份，令汝了然无惑。悟二空法，证实相理，正此初发心菩萨之身份耳。其书中所示之法，凡夫皆可依之而修。其所示之身份，且莫说凡夫，声闻缘觉具大神通，尚不能毂，何况凡夫？其书另刻出时，当谛视之：于无所住生心一，不住法而行布施二，三轮体空三，一道清净之义四（此四方乃佛法纲要，看经修行者宜知之），大有发明。光欲取此义为颂揭出，令阅者得其纲要，已与蔚如言之。而人事丛沓，力不暇及，且待来年《十往生经》，乃《观经》初首三种净业之流，刻以传世，亦无不可，已与蔚如言之。而其错字等未暇标示，当将原经寄去。古字虽不错，亦不宜用。至言观身不观一切，唯观无缘。无缘者，即随自意三昧，谓空无所有性。既无所有，故无从用其攀缘。若不从根本上一刀两断，则心缘纷纷，何能解脱？此数语简略之极，而意义宏深，祈与蔚如言之。

智学证涅槃

《华严经》上说："牛饮水成乳，蛇饮水成毒；智学证涅槃，愚学增生死。"

佛家每以"舍"来去执，比如《法华》《楞严》《梵网》，即以燃身、臂、指供养诸佛来对治贪心及执己之心。重要的是行为之"心"，存心若正，则能业消慧朗，罪灭福增。

复丁福保居士论臂香书

· 供养诸佛，对治贪心及爱惜保重自身之心，此法于六度中仍属布施度摄。

· 所谓三轮体空，四弘普摄。功德由心愿而广大，果报由心愿而速获。

臂香者，于臂上燃香也。灵峰老人，日持《楞严》《梵网》二经，故于燃香一事，颇为频数。良以一切众生，无不爱惜自身、保重自身。于他则杀其身、食其肉，心更欢乐；于己则蚊嘬芒刺，便难忍受矣。

如来于《法华》《楞严》《梵网》等大乘经中，称赞苦行。今其燃身、臂、指，供养诸佛，对治贪心及爱惜保重自身之心，此法于六度中仍属布施度摄。以布施有内外不同，外则国城妻子，内则头目髓脑。燃香燃身，皆所谓舍，必须至心恳切，仰祈三宝加被，唯欲自他业消慧朗，罪灭福增（言自他者，虽实为己，又须以此功德，回向法界众生，故云自他）。绝无一毫为求名闻及求世间人天福乐之心，唯为上求佛道下化众生而行，则功德无量无边，不可思议。

所谓三轮体空，四弘普摄，功德由心愿而广大，果报由心愿而速获。其或心慕虚名，徒以执着之心，效法除着之行。且莫说燃臂香，即将全身通燃，亦是无益苦行。以执着心，求名誉念，既无三轮体空之解，又无四弘普摄之心。以如来破除身见之法，转增坚固身见。罪福由心而分，果报由心而异。故《华严》谓："牛饮水成乳，蛇饮水成毒；智学证涅槃，愚学增生死。"此也。

朝觉

这是印光法师复觉明居士书，并劝他好好念佛。

我们亦该自期为"朝觉"，日日觉悟，时时觉悟，早早觉悟，归向阿弥陀大觉世尊。

复觉明居士书

·为汝取法名为朝觉，谓自与眷属，及诸亲识，同皆归向阿弥陀大觉世尊也。

·汝既宿有慧根，可不以此自利利他，俾自己净业纯熟，高登上品乎？

昨接汝及范古农之书，知汝宿世固有善根。然犹以文人习气未除，几致不得实益。今则实行其事，犹不知自利利他之相关甚巨。且勿论外人，即自己丈夫、儿女、媳妇、孙等，均当教以常念佛号。一则令彼等同种善根，当此大乱之世，若不以佛为怙恃，则危险可虑。二则不于平时令彼等操练熟习，一旦汝欲谢世，彼等以世俗知见，预为瞎张罗哭泣，则汝纵有净功，可以与佛相应，蒙佛接引，一经此种动作，破坏净念，决定仍复留住娑婆，则尘沙劫又尘沙劫，仍在六道受轮回矣。

是以劝眷属念佛，为最要紧之一件大事。光粥饭庸僧，于经教妙理，不能令汝得益。唯此一事，由阅历数十年，可以令汝现生亲得利益。汝若能依行，不异求佛接引汝及眷属，并后世子孙也。今为汝取法名为朝觉，谓自与眷属，及诸亲识，同皆归向阿弥陀大觉世尊也。现今女界，范围放弛，若不以佛法维持，则后来之变，不知成何景象也。汝既宿有慧根，可不以此自利利他，俾自己净业纯熟，高登上品乎？

今为汝寄《净土十要》一部，此系原本，非向所流通之节略本。《净土圣贤录》一部，《救劫编》一部，木板《观音颂》一部（《观音颂》系一弟子出资刻，托南京一僧校，其人学识颇能校得好。以在扬州刻，屡经打仗，每每邮路不通，及至刻成，以邮路不通停久，即将板寄来。适值其僧之庵，被豪势所夺，心绪已乱，遂未勘校。后令印四百部，印出一阅，知错讹甚多。因排一勘误表夹入，祈细心按表改正），木板《历史统纪》一部（此一部，无流通者，以为费甚巨故也）及各种凑满包者，均有关于人心世道。又《一函遍复》，实为一切人传家之宝，文字虽肤浅，无一无用之语。

去年婺源佛光分社成立，一弟子祈光作序。光一向不留底稿，以彼特钞以寄来，欲令转寄佛学特刊社，因循未寄。今为汝寄来，看过祈转寄范古农居士，并说其已为汝取法名，以免光与彼书。光老矣，由宿业力，生六月即病目，六月未开眼，未止哭声，今七十多年矣。近来目力甚衰，于去年冬，凡有信来，均令以后切勿来信，来决不复，以免或致抱西河之痛也。

净念相继

这篇文字这么短又这么好。大师是以念佛的口气一口气说清楚了，简短明晰，但该说的都没漏。

念佛时要摄"身、口、意"，唯佛是念。

复幻修大师书

·念佛用功最妙的方法，是都摄六根，净念相继。都摄六根者，即是念佛之心。

·六根既摄而不散，则心无妄念，唯佛是念，方为净念。

念佛的宗旨，是生真信（即信），发切愿（即愿），专持佛号（即行，信愿行三，为念佛宗旨）。念佛用功最妙的方法，是都摄六根，净念相继。都摄六根者，即是念佛之心。专注于佛名号，即摄意根。口须念得清清楚楚，即摄舌根。耳须听得清清楚楚，即摄耳根。此三根摄于佛号，则眼决不会乱视。念佛时眼宜垂帘，即放下眼皮，不可睁大。眼既摄矣，鼻也不会乱嗅，则鼻亦摄矣。身须恭敬，则身亦摄矣。六根既摄而不散，则心无妄念，唯佛是念，方为净念。六根不摄，虽则念佛，心中仍然妄想纷飞，难得实益。若能常都摄六根而念，是名净念相继。能常常净念相继，则一心不乱，与念佛三昧，均可渐得矣。

慧庄

不贵子见地，只贵子行履。

知道不可贵，实践方可贵。

此信中说到实行的紧要，印光大师自己就是一个实践人，以念佛了生脱死。

致郭庄悟居士书

·若不主敬存诚，纵有所悟，必不能实得其益。以一落狂慧，决难事理圆融。偏执理性，不重修持，纵见理不错，亦与魔外相去不远。

·不贵子见地，只贵子行履。

接与明道师信，知居士所志者大。若即生了生脱死，光不妨作泥塑木雕之标竿。若欲大通经教，及彻悟自心，则光之泥塑木雕者，无所取矣。今且将错就错，为居士起一法名，名为慧庄。庄者，敬也。敬之一法，乃世出世间学道之根本。若不主敬存诚，纵有所悟，必不能实得其益。以一落狂慧，决难事理圆融。偏执理性，不重修持，纵见理不错，亦与魔外相去不远。况既执理废事，所悟之理，亦难的当。

故曰：不贵子见地，只贵子行履。此举世聪明人之大陷阱，不受此病，方可名为聪明。否则，聪明反被聪明误，翻成自误误人之流辈也。光老矣，不得常来信。来信，则只以所印之长信复之，概不特为分疏，以免不胜其劳，亦不能利人也。不久，当有新印《净土十要》，及长信寄来，亦不再作书。《十要》原本外，所附要书数种，实为修净业之最要典籍也。

即俗修真，居尘学道

"当此时世，大家均要发一番感激心，认真从伦常日用中，各各修持为人之道，而兼修净土法门。所谓即俗修真，居尘学道，佛法世法，一道齐行。"

本文提及佛教实是与伦常道理相契相合，佛陀的教诲是以解开心上的烦恼为第一次第，自己明白清楚了，行事利人更会圆融。

现今你、我所处之世与印光大师所处雷同，世情有乱，无碍我们种善根、好修持。

闻佛法却不认真修持，如入宝山而空回。

复云南王德周居士书二

·佛教正义，完全与伦常道理相契相合。世有外道，多多剽窃佛教之名，而实行炼丹运气之道，反美其名曰"三教同源"。

·今且专致力于伦常净土法门，将来当可左右逢源。

·天下之乱，其源皆由于不讲家庭教育，不讲因果报应之所酿成也。

居士林宣言书，词理周到，甚善！简章，亦极严整周备，足见云南佛化之兴盛象。然须恪守本分，切勿学好高务胜一派。譬如穿衣吃饭，须按各人身量食量；夏葛冬裘，渴饮饥食，则可以养身心。施之失宜，均可以伤身心，非饮食、裘葛之有善不善也，视其人之善用与否耳。无论如何资格，必须敦伦尽分，闲邪存诚，诸恶莫作，众善奉行。又须注重净土法门，以仗佛力，比仗自力，其难易奚啻天地悬隔。

近有一种专逞口解脱者，指念佛者为腐败待死，祈勿被此种邪说所惑。当今之世，纵是已成正觉之古佛示现，决不另于敦伦尽分，及注重净土法门外，别有所提倡也。使达磨大师现于此时，亦当以仗佛力法门而为训导。时节因缘，实为根本。违悖时节因缘，亦如冬葛夏裘，饥饮渴食，非唯无益，而又害之。

佛教正义，完全与伦常道理相契相合。世有外道，多多剽窃佛教之名，而实行炼丹运气之道，反美其名曰"三教同源"。源固同也，流则异矣。若认异见者口说同源，以为即是三教之源，则得罪于三教圣人也大矣。今且专致力于伦常净土法门，将来当可左右逢源。若舍此以秘密传授炼丹法为源，则成永迷真源，长趋邪径矣。

宜与有宿根而未知佛法所以之信士言之，则其益大矣。耿其昌法名德昌，韩寿山法名德崇。须知本有性德，极昌明又极崇高，良以不识，反成暗昧卑劣。若肯于一切起心动念处检点，自可复本还源，亲得受用，然不得不极力专注于敦伦念佛也。以此自行，复以化他，是名佛子。弘化社所有各书，当令各寄一二份，以备林友参阅。并令附寄书目，以便欲请以利人者，得以按章以请也。现有增修《历史统纪》印出，不久订成，当寄一二包以结缘。

《普陀山志》，或于秋末冬初可出版，罗两峰《正信录》，亦可于秋初出版，《净土十要》原文，当于明年夏秋间出版，此书甚有益于净业行人。光以有此数事，故未能拒绝一切，虽名闭关，仍复冗事烦琐。待此种事了结，当必拒绝一切，以期腊月三十日，无有障碍，随佛往生也。以后无要事，不可来信，以精神不给，无力应酬也。

其二，所言腊月三十日，乃预计之词，非预知时至，谓在腊月三十也。腊月三十，年尽岁穷，故古人每借譬死期耳。若平常不早为预备，临时则定规手忙脚乱也。陈正庵等七人，既欲皈依，当须依《文钞》《嘉言录》修持，方可不负此心。现今各地外道甚多，彼均以炼丹运气、求成仙生天为极事。既皈依佛法，切不可又兼修彼法，邪正夹杂，正亦成邪。又须各各敦伦尽分，闲邪存诚，诸恶莫作，众善奉行。必须以因果报应、生死轮回，为培植家国之要务。使人各依此而行，天下自无不太平之理。

今天下之乱，其源皆由于不讲家庭教育，不讲因果报应之所酿成也。今寄新印增修《历史统纪》七包，《正信录》四包，到祈酌量分送。《正信录》最能破拘墟之偏见。读书人之善根，被理学先生所断。而理学先生，悉皆窃取佛法之义以自雄，而又恐人学，故特加辟驳，以关闭后学，令不知佛法。然稍具宿根者，又何能关住，不过有此一曲折，俾中下根人，便无由亲沐法泽矣。今为彼等各取法名，祈为分书交彼，或将此书之大致，令彼各抄之。相片已无，但祈礼佛念佛，用我相有何所益？现今世乱已极，天灾人祸，亦莫此为甚。

当此时世，大家均要发一番感激心，认真从伦常日用中，各各修持为人之道，而兼修净土法门。所谓即俗修真，居尘学道，佛法世法，一道齐行。往劫若不种善根，佛之名字亦难闻；若不认真修持，则成登宝山而空手回耳，其辜负佛恩与己灵也大矣。

因果

　　此函回复的是许多人的疑问："为什么我吃素信佛，仍业力难逃，深陷苦海？"

　　印光大师解明其真相，说因果之事，重叠无尽，往往是此因未报，彼果就先熟了，并说了故事以明之。

　　值得细读知解。

复周颂尧居士书

　　·《华严经》云："假使恶业有体相者，十方虚空不能容受。"须知人之修持，果真诚无伪，便能转业。转重报后报，为现报轻报。

　　·为善而得恶报，乃宿世之恶业果报，非现在之善业果报。

　　·因果之事，重叠无尽，此因未报，彼果先熟。如种稻然，早种者早收。

　　今有一疑问，请求老法师慈悲开示。弟子吃素念佛，已经多年。因为信佛之人，为十方三世诸佛之所护念，天龙八部，大力神王，常随拥护。往世恶业，亦渐消灭，纵有怨怼，不能为害。此乃佛经所说，决非虚语。

讵于三月间，接到上海舍亲处来一讣闻，系一极信佛之张太太，吃素已二十余年，常到居林听经，逢人必劝念佛吃素，心极慈悲行善。不料一日，送素菜与某师兄，在马路上行走，为汽车轧死。后为巡捕房收去，至三日后，其家子孙晓得，始去领归安殓。余闻悉之下，心中非常惊惶，至今疑惑不解，且佛会中人闻之，亦均不安。故特上书，恳求老法师开导，指示所以然之故，何以临终如是之苦，究竟可能往生西方否？说个明白，可使大家安心念佛，不胜感德之至。

接手书，知阁下于佛法道理，尚未真明。吾人从无始以来，所作恶业，无量无边。《华严经》云："假使恶业有体相者，十方虚空不能容受。"须知人之修持，果真诚无伪，便能转业。转重报后报，为现报轻报。凡夫肉眼，只能见当时之吉凶事实，不能知过去与未来之因果何如。此老太太多年精修，一朝惨死，或者由此苦报，便可消灭所造三途恶道之报，而得生善道。或在生有真信愿，亦可往生西方。但吾人既无他心道眼，不敢臆断，谓决定往生，与决定不往生也。其可决定者，为善必有善报，作恶必有恶报。为善而得恶报，乃宿世之恶业果报，非现在之善业果报也。汝等诸人，见此老人，得此果报，心中便有为善无福、善不足为之邪见，故致惊惶疑惑。其知见，与未闻佛法之人，有何各异？

倘深信佛言，决不以此事，作此惊惶疑惑之态。以因果之事，重叠无尽，此因未报，彼果先熟。如种稻然，早种者早收；如欠债然，力强者先牵。古有一生作善，临终恶死，以消灭宿业，次生便得富贵尊荣者。如宋阿育王寺一僧，欲修舍利殿，念沂亲王有势力，往募，所捐无几，愤极，以斧于舍利殿前断其手，血流而死。即时，其王生一子，哭不止。奶母抱之游行，至挂舍利塔图处则不哭，离开又哭。遂将其图取下，奶母常向彼持之，则永不哭。王闻而异之，遂使人往阿育王寺问其僧，则即于其子生日，断手流血而死。彼王遂独修舍利殿。及年二十，宁宗崩，无子，遂令彼过继，为皇帝四十一年，即宋理宗也。此僧之死，亦属惨死，使无常哭不止，见舍利图则不哭，人谁知此子，乃此僧断手惨死者之后身乎？此事载《阿育王山志》。

光于光绪二十一年，拜舍利数十日，看之。明理之人，任彼境遇如何，决不疑因果有差，佛语或妄。不明理，死守规矩，而不知因果复杂，遂致妄生疑议，总因心无正见故也。如所说念佛之人，有三宝加被，龙天护佑，此系一定之理，断不致或有虚妄。然于转重报后报，为现报轻报之理，未能了知，故不免有此种不合理之疑议也。

昔西域戒贤论师，德高一世，道震四竺（四天竺国）。由宿业故，身婴恶病，其苦极酷，不能忍受，欲行自尽。适见文殊、普贤、观世音三菩萨降，谓曰："汝往昔劫中，多做国王，恼害众生，当久堕恶道。由汝弘扬佛法，故以此人间小苦，消灭长劫地狱之苦，汝宜忍受。"大唐国有僧，名玄奘，当过三年，来此受法。戒贤论师闻之，遂忍苦忏悔，久之遂愈。至三年后，玄奘至彼，戒公令弟子说其病苦之状。其说苦之人，哽咽流泪，可知其苦太甚。使不明宿世之因，人将谓戒贤非得道高僧，或将谓如此大修行人，尚得如此惨病，佛法有何灵感利益乎？汝等心中所知者小，故稍见异相，便生惊疑；无善根人，遂退道心。倘造恶之人现得福报，亦复如是起邪见心。不知皆是前因后果，及转后报重报，为现报轻报；及转现报轻报，为后报重报等，种种复杂不齐之故也。

如明镜

此文谈及念佛方法及境界。

并说绕佛规矩，当如日月之向，由东至南至西至北。

念佛念菩萨名号重在能自我省察，像清明的镜一样，能感一切，能通万物，如此，一句则有余裕。

复宁德晋居士书

·《心经》于《弥陀经》前后念，亦可。以经初念莲池海会佛菩萨三称之故，当于《弥陀经》《往生咒》念完再念《心经》。

·寂然不动，如明镜之空无一物，感而遂通，如明镜之有形斯映。

礼佛菩萨，心中默念，启口称念，均可。《心经》于《弥陀经》前后念，亦可。以经初念莲池海会佛菩萨三称之故，当于《弥陀经》《往生咒》念完再念《心经》。埵，读朵音。获，得也。无生忍，即于一切善恶凡圣境界，了无一念生心动念之相可得。《金刚经》谓三心了不可得，即是无生忍之注脚。且勿谓于一切境，了无一念生心动念，便成枯木寒灰。正所谓寂然不动，如明镜之空无一物，感而遂通，如明镜之有形斯映。正当有形斯映时，仍然空无一物；唯其空无一物，故得有形斯映。

无生忍，仿佛如是，祈善会之。能证乎此，则入大菩萨位矣，非尔我之所能即获也。绕佛，当如日月之由东至南、至西、至北，不可由东至北、至西、至南。以顺绕有功德，逆绕有罪过。围绕之法，西域最重，与礼拜不相上下，其意便随顺于佛也。

念佛时念观音，不必另起头念《观音赞》，念佛号完，即接观音可也。大士，即菩萨之别号，一切菩萨均可称，非独观音为然。常示，了无有益，能常省察，则一句亦有余裕；不能省察，纵将一《大藏经》通写来，也无用处。现今之世，又非本年六月以前之世。江南江北，通成水国，闻之痛心。天灾人祸，相继而至。当令家人，同念观音，以为预防也。

至诚的力量

印光大师告诉我们："若能志诚之极，教理自会透彻。"

实修能帮助我们开智慧、通教理。如不实修，即便通了教理亦无益。

末段并且说到日课方法，可以参考采用。

复周智茂居士书

·净土法门，唯信为本。信得极，五逆十恶皆能往生；信不及，通宗通教未曾断惑者，皆无其分。

·若具真信切愿念佛求生西方，无一人不得生者。

·诸大乘经，不妨随意受持读诵，当以志心受持为本，且勿急欲洞彻其义理为事也。果能志诚之极，教理自会透彻。

·早则《楞严》《大悲》《十小咒》《心经》，念毕，则念佛若干声，回向净土。晚则《弥陀经》《大忏悔》《蒙山》，念佛回向。

周木居士鉴：接手书，知生净信心，欲皈依佛法。然皈依佛法，必须诸恶莫作，众善奉行，力敦伦常，恪尽己分，生信发愿，念佛求生西方。并须戒杀、护生、吃素，如不能净素，亦当以不贪食为是。更须持六斋，或十斋，否则便与佛相背矣。

今为汝取法名为智茂，以心性如木，由烦恼障蔽故，心性不能显现，如木枯槁。既有智慧，则烦恼不生，而心性之木自然茂盛也。所言五戒，且自考心，如能受而不犯，则向化三问其佛前受之规矩，彼当教汝，光不备书。既皈依佛法，当熟读《文钞》，依之而行，自不致受庸人之所误，致求来生福报，及外道炼丹运气，以求成仙等。汝果能领会得《文钞》义，纵百千外道，亦不能摇动汝心。且勿谓此系光所说，恐不足依据，须知光乃取佛、菩萨、祖师、善知识之意而说，非光自出心裁妄说也。祈慧察，则幸甚！

汝心高如天，志劣如地；口虽云依光所说，实则全依自己偏见。净土法门，唯信为本。信得极，五逆十恶皆能往生；信不及，通宗通教未曾断惑者，皆无其分。汝既不能通宗通教断惑证真，仗自力以了生死，又不信佛力不可思议，自性功德不可思议，若具真信切愿念佛求生西方，无一人不得生者。净土法门，乃即生了生死之无上直截圆顿法门，于此法门方向尚未知，便以好高务胜之狂妄心，去研究《起信论》。《起信论》实为学佛之纲要，然于劣根及初机人，亦难得益。即研得《起信论》通彻无疑，其用功尚须依念佛求生，方为稳当，况法相禅教之精微奥妙高深而不可企及乎哉！汝心如其高，乃不知分量之高。其志又谓根性劣弱，何望生西？但能不堕恶道，此堪自慰。不知不生西方，将来必堕恶道，此系违背佛教，及与光说，何可云始终奉行教诲，一心持念弥陀乎哉？今以汝之身，膺人之职业，又非上等资格，其所立之心与志，真令人可叹可笑。汝且息彼做大通家之狂妄心，专心研究净土法门中书，《文钞·与高邵麟徐女士书》中备说。随所开示，依之生信发愿，不以自己根器下劣，高推往生于度外，且常随动随静，将一句弥陀，当作本命元辰；其居心行事，须要与诸恶莫作、众善奉行之宗旨合；傥有余力，诸大乘经，不妨随意受持读诵，当以志心受持为本，且勿急欲洞彻其义理为事也。果能志诚之极，教理自会透彻。若先欲透彻，不从志诚持诵做，即透彻亦无实益，况决难透彻乎？法相禅教，毕生研究，也难得其旨归。即得，谁能不断惑业，了生脱死。欲断惑业了生死，恐梦也梦不着。

汝于光《文钞》尚未详阅，故其所说，高则冲于霄汉，卑则入乎沧溟。《文钞》中屡屡说所当看之书，及看经等法则，并法相禅教之难以得益处。以净土法门，仗佛慈力，其余法门，皆须己力。一为通途教理，如世之士人，由资格而为官。一为特别教理，如世之王子，一堕地即为一切臣宰所恭敬。二种法门，不可并论；而具足惑业之凡夫，可不慎所择哉？流通基金，纵欲增益，何可作募缘办法？有信心有财力者，与之商量，俾其补助，即可矣。又经典甚多，汝心欲大开门庭，郑州有几个人请？但取普通人能看者，请以备购。有大部普通人不看者，须预订，转为代请，则省资本，亦不至请来售不出，将钱占到不得受用耳。汝自谓来日无多，实力有限，光故作如此说。傥不以为然，仍依自己心相而行，则光亦不强汝。能做得一个大通家，亦是佛门之幸。恐汝大通家做不到，净土法门又信不及，则两头落空。今生稍修点功德，来生必定生于富贵家。汝试细思之，富贵人有几个不造业的？今日之国运危岌，民不聊生，皆是一班无智慧修行人之来生福报所捣乱而成者。汝打什么穷妄想？欲不堕恶道，不生西方，则一生不堕者或有之，二生不堕者便少也。

佛说经咒甚多，谁能一一遍持？古人择其要者列为日课，早则《楞严》《大悲》《十小咒》《心经》，念毕，则念佛若干声，回向净土。晚则《弥陀经》《大忏悔》《蒙山》，念佛回向。今丛林皆图省工夫，早则只念《楞严咒》《心经》，晚则单日念《弥陀经》《蒙山》，双日念《大忏悔》《蒙山》。汝言禅门日诵经咒甚夥者，不知乃朝暮课诵外之附录者。在家居士，功课亦可照禅门朝暮功课做，亦可随自意立。如早晚专念《弥陀经》《往生咒》、念佛；或早则专念《大悲咒》、念佛，晚则念《弥陀经》《往生咒》、念佛。或有持《金刚经》者亦可。然无论诵何经持何咒，皆须念佛若干声回向，方合修净业之宗。

汝之所说，乃见异思迁，虽是好心，实为心无定主，随境所转。何经何咒，不称赞其功德殊胜？依汝知见，则看此经必废彼经，持此咒则废彼咒，以力不能兼顾，势必如此，是尚得名为明理真修之士乎？再推广言之，汝若遇参禅者赞禅而破斥净土，必至随彼参禅。及他天台、贤首、慈恩、秘密各宗，每遇一知识提倡，必至舍此修彼。不知汝是什么根性，要做法法皆通之大通家？但以业深智浅，大通家做不到，并将仗佛慈力带业往生一法置之度外。待到临命终时，不向镬汤炉炭里去，定向驴胎马腹里去。即幸而不失人身，以今生尚无正智，颇有修行之痴福，以兹享彼痴福，便造恶业，一气不来，直入三途，欲得知天地父母之名尚不能，况得知净土法门乎？

汝看光《文钞》，作么生解？须知一句阿弥陀佛，持之及极，成佛尚有余，将谓念《弥陀经》、念佛者，便不能灭定业乎？佛法如钱，在人善用，汝有钱则何事不可为？汝能专修一法，何求不得？岂区区持此咒念此经，得此功德，不得其余功德乎？善体光言，自可一了百了。

否则纵说得多，汝仍是心无定见，有何益乎？

凡夫在迷，信心不定，故有屡信屡退、屡修屡造之迹。亦由最初教者不得其道所致，使最初从浅近因果等起，便不至有此迷惑颠倒也。然已往之罪，虽极深重，但能志心忏悔，改往修来，以正知见，修习净业，自利利他，而为志事，则罪障雾消，性天开朗。

故经云：世间有二健儿，一者自不作罪，二者作已能悔。悔之一字，要从心起，心不真悔，说之无益。譬如读方而不服药，决无愈病之望。倘能依方服药，自可病愈身安。所患者立志不坚，一曝十寒，则徒有虚名，毫无实益矣。

2 卷二

迫切

修净土的法要在"行起解绝",也就是用尽全心全力的投入和实践。

凡人是"祸害迫切,方能诚恳"。体知生活中的无常痛苦,一切依因缘而生灭,使我们能感受到修行的急迫性。

复范古农居士书一

· 真信切愿,方有笃行。祸害迫切,便能诚恳。

· 佛法诸宗修持,必到行起解绝,方有实益。

· 唯其用力之极,故致能所双忘,一心彻露。

净土一法,以信愿行三法为宗。唯其具真信切愿,方有笃行;祸害迫切,便能诚恳;优游无事便宽缓,此凡夫通病也。然当今之时，其世道局势，有如安卧积薪之上。其下已发烈火，但未烧至其身。转瞬则全体炽然，遍界无逃避处。尚犹悠忽度日，不能专志求救于一句佛号，其知见之浅近甚矣。佛法诸宗修持，必到行起解绝，方有实益。不独净宗修观为然。

宗家以一无义味话头，置之心中，当作本命元辰，不计时日，常为参叩。待至身心世界，悉皆不知，方能大彻大悟，非行起解绝乎？六祖谓但看《金刚经》，即能明心见性，非行起解绝乎？愚谓起之一字，义当作极。唯其用力之极，故致能所双忘，一心彻露；行若未极，虽能观念，则有能有所。全是凡情用事，全是知见分别，全是知解，何能得其真实利益。

唯其用力及极，则能所情见消灭，本有真心发现。故古有死木头人，后来道风，辉映古今，其利益皆在极之一字耳。

又今人多尚空谈，不务实践。劝修净业，当理事并进，而尤须以事为修持之方。何也？以明理之人，全事即理；终日事持，即终日理持。若理事未能大明，一闻理持，便觉此义深妙。兼合自己懒惰懈怠，畏于劳烦持念之情，遂执理废事；既废于事，理亦只成空谈矣。愿阁下以圆人全事即理，为一切人劝，则利益大矣。

五蕴空，诸苦灭

这篇文章谈到众人最好奇的死后世界，如印光法师这般了知者奇少，此文您就自己看，清清楚楚的，我就不多说了。

复范古农居士书二

·具大智慧人，则当下脱体无依。五蕴空而诸苦消灭，一真显而万德圆彰矣。

·净业已成者，身未亡而神现净土。恶业深重者，人卧病而神婴罚于幽冥。

中阴者，即识神也。非识神化为中阴，即俗所谓灵魂者。言中阴七日一死生，七七日必投生等，不可泥执。

中阴之死生，乃即彼无明心中，所现之生灭相而言，不可呆作世人之死生相以论也。中阴受生，疾则一弹指顷，即向三途六道中去，迟则或至七七并过七七日等。初死之人，能令相识者，或见于昼夜，与人相接，或有言论。此不独中阴为然，即已受生善恶道中，亦能于相识亲故之前，一为现形。此虽本人意念所现，其权实操于主造化之神祇，欲以彰示人死神明不灭，及善恶果报不虚耳。否则阳间人不知阴间事，则人死形既朽灭，神亦飘散之瞽论，必至群相附和。而举世之人，同陷于无因无果、无有来生后世之邪见深坑。将见善者则亦不加惕厉以修德，恶者便欲穷凶极欲以造恶矣。虽有佛言，无由证明，谁肯信受？由其有现形相示等，足征佛语无妄，果报分明。不但善者益趋于善，即恶者其心亦被此等情理折伏，而亦不至十分决烈。

天地鬼神，欲人明知此事，故有亡者现身于人世，阳人主刑于幽冥等。皆所以辅弼佛法，翼赞治道，其理甚微，其关系甚大。此种事古今载籍甚多，然皆未明言其权之所自，并其事之关系之利益耳。

中阴虽离身躯，依旧仍有身躯之情见在；既有身躯之情见，固须衣食而为资养。以凡夫业障深重，不知五蕴本空，仍与世人无异。若是具大智慧人，则当下脱体无依。五蕴空而诸苦消灭，一真显而万德圆彰矣。其境界虽不必定同，不妨随各人之情见为资具。如焚冥衣，在生者只取其与衣之心，其大小长短，岂能恰恰合宜，然承生人之情见，并彼亡人之情见，便适相为宜。此可见一切诸法，随心转变之大义矣。死之已后，尚未受生于六道之中，名为中阴；若已受生于六道中，则不名中阴。其附人说苦乐事者，皆其神识作用耳。投生必由神识与父母精血和合。是受胎时，即已神识住于胎中。生时每有亲见其人之入母室者，乃系有父母交媾时，代为受胎。迨其胎成，本识方来，代识随去也。

《欲海回狂》卷三第十二页第八、九、十、十一、十二行，曾有此问。原答颇不中理，光为之改正，当查阅之。原答云："譬如鸡卵，有有雄者，有无雄者。未有识托之胎，如卵之无雄者也。"不知卵之无雄者，即令鸡孵，亦不生子，何可为喻？光只期理明，不避僭越，故为居士陈其所以。圆泽之母，怀孕三年，殆即此种情事耳。此约常途通论，须知众生业力不可思议，如净业已成者，身未亡而神现净土；恶业深重者，人卧病而神婴罚于幽冥。命虽未尽，识已投生，迨至将生，方始全分心神附彼胎体，此理固亦非全无也。当以有代为受胎者，为常途多分耳。三界诸法，唯心所现，众生虽迷，其业力不思议处，正是心力不思议处，亦是诸佛神通道力不思议处。

光近十余年，目力不堪为用，故于经论不能广引以证。然其理固非妄出臆见，以取罪戾也。死生，众生之大事；因果，教化之大权。愿阁下不惜广长舌，以因果报应为转烦恼生死，成菩提涅槃之一助，则法门幸甚！众生幸甚！

持着他的名号

持名念佛方法是许多净土行人所用的修持法。文中大师说到很重要的"应先读经，有是心作佛，心净佛现"的了解，再来持名，才能进入，得其喜悦。

极少人（除非乘愿再来的菩萨吧）能一开始就以实相念佛法而有实证。持名之法，即理即事，即浅即真，即修即性，最珍贵。

复吴希真居士书一

· 深知是心作佛，是心是佛，及心净佛现。

念佛一法，约有四种。所谓持名、观像、观想、实相。就四法中，唯持名一法，摄机最普，下手最易，不致或起魔事。

如欲作观，必须熟读《观经》。深知是心作佛，是心是佛，及心净佛现，境非外来。唯心所现，不生取着；既不取着，则境益深妙，心益精一。能如是，则观想之益，殊非小小。如观境不熟，理路不清，以躁妄心，急欲境现，此则全体是妄，与佛与心，皆不相应，即伏魔胎。因兹妄欲见境，心益躁妄，必致惹起多生怨家，现作境界。既最初因地不真，何能知其魔业所现？遂大生欢喜，情不自安，则魔即附体，丧心病狂。纵令活佛现身救度，亦未如之何矣。须自量根性，勿唯图高胜，以致求益反损也。善导和尚云：末法众生，神识飞扬，心粗境细，观难成就。是以大圣悲怜，特劝专持名号，以称名易故，相续即生。诚恐或有不善用心，致入魔境也，宜自详审。又志诚恳切，亦消除躁妄魔境之一妙法也。宜竭尽心力以行之，则幸甚！

医病

究竟地说，人的病的确是业力的显现。但是，对于不察诸事因缘的众人来说，这么是不需要，而且无济于事的。

"小病求医生，大病求往生。"的确有此一说。生病，是身、心失调了，凡人皆难免，它也是世间现象的显现，可以促进我们对无常、无我的体会，知道身体是假我和合。

病急时，需找医生，但是对生命真正的病，"大病求往生"，应该彻底思维生命的去向，并以修行实践。

在现实情境里，大病要求往生也不容易啊，当病魔摧折时，能不颠倒的人太少了，这需要靠平日的修持——戒定慧的修持。

与方远帆居士书

· 医之善者，亦只医病，不能医业。

· 贫贱者病少，而寿每长；富贵者病多，而寿每短。

· 求西医好否参半，求大医王，或身躯上即好；即身躯上未好，而神识上决定见好。

世间人之病，多多都是自己造者，即如令严之病，乃不知慎口腹，贪食水果凉物之所致者。及乎有病，不能从善养上令恢复，而一味靠医生转移。医生每遇富贵人之病，便大喜过望，遂用种种方法，令其扩张，而后始令收敛，则金钱自可大得矣。

然医之善者，亦只医病，不能医业。即如子重病肠痈，医云：非开剖不可！汝四婶不放心，遂不医，与德章拼命念佛、念《金刚经》，五日即愈，此病可谓极大、极危险矣！然不医而五天即愈。子庠之颠，乃属宿业，汝四婶以至诚礼诵，半年即愈。汝父既皈依佛法，当依佛所说，不当信从洋医，特往彼医院去医也。使一切病皆由医而始好，不医便不好者，则古来皇帝，及大富贵人，皆当永不生病，亦永不死亡。然而贫贱者病少，而寿每长；富贵者病多，而寿每短，其故何哉？以一则自造其病，二则医造其病，有此二造之功能，欲脱病苦，其可得乎？祈为汝父说，不必往上海求西医，就在家中求阿弥陀佛、观世音菩萨之大医王，则自可勿药而愈矣。求西医好否参半，求大医王，或身躯上即好；即身躯上未好，而神识上决定见好。若妄欲即好，完全废弃先所持之戒，大似剜肉做疮，有损无益。西医未入中国，中国人有病皆不治乎？固宜放下妄想，提起正念，则感应道交，自可痊愈矣。

所言天冷身弱，衣丝绵者，必须非此不能生活方可。若借冷弱为名，以自图华美轻快，则是不知惭愧之人，以所杀蚕命，实非小可。至于服阿胶，更非所宜问者，此与吃肉有何分别？阿胶吃了就会不冷乎？倘日常礼拜，身体自然强壮，何用阿胶为哉？彼贫人亦曾过冬，谁曾用丝绵、阿胶乎？一言以蔽之，曰：不知惭愧，与不知自己是什么人而已。祈洞察是幸！

菩萨道

学佛，自了最重要。随分随力做功德亦不能少，因为在自己还不能得度解脱时，利人就是自利，帮助别人，同时是行菩萨道，增菩提心。

此文中，印光大师特别这么叮咛着。

复周群铮居士书三

· 中下之人，以无一切作为，遂成懒惰懈怠，则自利也不认真，利人全置度外。

· 自未度脱，利人仍属自利，不可专在外边事迹上做。

· 天之生物，必须晴雨调停，寒暑更代，方能得其生成造化之实际。

学佛必须专以自了为事，然亦须随分随力以做功德。若大力量人，方能彻底放下，彻底提起。中下之人，以无一切作为，遂成懒惰懈怠，则自利也不认真，利人全置度外。流入杨子拔毛不肯利人之弊。故必须二法相辅而行，但专主于自利一边。

二林之语，亦不可误会，误会则得罪二林不小。二林之意，乃专主自利，非并随分随力教人修习净土法门全废也。利人一事，唯大菩萨方能担荷。降此谁敢说此大话？中下之人，随分随力以行利人之事，乃方可合于修行自利之道。

以修行法门，有六度万行故。自未度脱，利人仍属自利，但不可专在外边事迹上做。其于对治自心之烦恼习气，置之不讲，则由有外行，内功全荒。反因之生我慢，自以功利为德，则所损多矣。譬如吃饭，须有菜蔬佐助；亦如身体，必用衣冠庄严。何于长途修行了生死之道，但欲一门深入，而尽废余门也？一门深入，尽废余门，唯打七时方可。平时若非菩萨再来，断未有不成懈慢之弊者。以凡夫之心，常则生厌故也。

天之生物，必须晴雨调停，寒暑更代，方能得其生成造化之实际。使常雨常晴，常寒常暑，则普天之下，了无一物矣。

况吾侪心如猿猴，不以种种法对治，而欲彼安于一处，不妄奔驰者，甚难！甚难！人当自谅其力，不可偏执一法，亦不可漫无统绪，以持戒念佛，求生西方为主。调一切人，上而父母，中而兄弟朋友，下而妻子奴仆，皆以此为导，将谓非自利乎？一灯只一灯，一灯传百千万亿灯，于此一灯，了无所损。孰得孰失，何去何从，岂待问人方了知乎？

生死心切，不生一念疑惑

"圣贤之学，未有不在起心动念处究竟者。"念佛亦是如此妙法。念佛时第一要专致净念，第二要知非即改，要有迫切感，知道地狱之可怖而生死心切，不生一念疑惑。

复邓伯诚居士书二（节录）

·众生心性，亦复如是。虽则与佛平等，若不改恶修善，背尘合觉，性具功德，永不能发。

·念佛一法，乃背尘合觉，返本归元之第一妙法。

·既知非，又肯发露忏悔，必须改过迁善。若不改过迁善，则所谓忏悔者，仍是空谈。

接手书，读之令人心神畅悦。蘧伯玉行年五十，而知四十九年之非。孔子年将七十，尚欲天假之年，卒以学《易》，以祈乎无大过。圣贤之学，未有不在起心动念处究竟者。近世儒者，唯学词章，正心诚意，置之不讲。虽日读圣贤书，了不知圣贤垂书训世之意。而口之所言，身之所行，与圣贤所言所行，若明暗之不相和，方圆之不相入，遑问究及于隐微几希之间哉！

佛经教人常行忏悔，以期断尽无明，圆成佛道。虽位至等觉如弥勒菩萨，尚于二六时中，礼十方诸佛，以期无明净尽，圆证法身，况其下焉者乎？而博地凡夫通身业力，不生惭愧，不修忏悔，唯一念心性，与佛平等。由烦恼恶业障蔽心源，不能显现，譬如大圆宝镜，经劫蒙尘，不但了无光明，即铜体亦不显现。若知即此全体尘垢之镜，具有照天照地之光，用力磨砻，日复一日，积功不已，铜质自露。又复加功，光明渐发，光明虽发，磨砻更切，力极功纯，垢尽明复，照天照地，为世至宝。须知此光，镜本具足，非从磨得；若非本具，从磨得者，磨砖磨石，亦应发光。又须知此光，镜虽本具，不磨则永无发光之日。众生心性，亦复如是。虽则与佛平等，若不改恶修善，背尘合觉，性具功德，永不能发。以本具佛性之心识，造长劫沉沦之业苦。犹如暗室触宝，不但不得受用，反致受其损伤，可哀也已。

念佛一法，乃背尘合觉，返本归元之第一妙法。于在家人分上，更为亲切。以在家人身在世网，事务多端，摄心参禅，及静室诵经等，或势不能为，或力不暇及。唯念佛一法，最为方便。

早晚于佛前随分随力，礼拜持念，回向发愿。除此之外，行住坐卧，语默动静，穿衣吃饭，一切时，一切处，皆好念。但于洁净处，恭敬时，或出声，或默念，皆可。若至不洁净处（如登厕等），或不恭敬时（如睡眠、洗浴等），但宜默念，不宜出声，非此时处不可念也。睡出声念，不但不恭敬，又且伤气，久则成病。默念功德，与常时一样。所谓念兹在兹，造次必于是，颠沛必于是也。居士既能发露忏悔，于净土法门，最易相应，所谓心净则佛土净也。然既知非，又肯发露忏悔，必须改过迁善。若不改过迁善，则所谓忏悔者，仍是空谈，不得实益。至谓欲心不贪外事，专念佛。不能专，要他专；不能念，要他念；不能一心，要他一心等，亦无奇特奥妙法则，但将一个死字，贴到额颅上，挂到眉毛上。心常念曰："我某人从无始来，直至今生，所作恶业，无量无边。假使恶业有体相者，十方虚空，不能容受。宿生何幸，今得人身，又闻佛法。若不一心念佛求生西方，一气不来，定向地狱镬汤、炉炭、剑树、刀山里受苦，不知经几多劫。纵出地狱，复堕饿鬼，腹大如海，咽细如针，长劫饥虚，喉中火然，不闻浆水之名，难得暂时之饱。从饿鬼出，复为畜生，或供人骑乘，或充人庖厨。纵得为人，愚痴无知，以造业为德能，以修善为桎梏，不数十年，又复堕落。经尘点劫，轮回六道，虽欲出离，未由也已。"能如是念，如上所求，当下成办。

所以张善和、张钟馗，临终地狱相见，念佛数声，即亲见佛来接引往生。如是利益，一代时教，百千万亿法门之所无者。吾常曰："九界众生离此法，上不能圆成佛道。十方诸佛舍此法，下不能普利群萌者。"此之谓也。果能生死心切，信得及，不生一念疑惑之心，则虽未出娑婆，已非娑婆之久客。未生极乐，即是极乐之嘉宾。见贤思齐，当仁不让。岂肯因循怠忽，以致一错而成永错乎哉！

净土不思议

读此文，也感印光大师的文章实在好。佛理融通于生命啊！"举凡六根所对一切境界，所谓山河大地，明暗色空，见闻觉知，声香味等"，皆在阐扬净土奥义，并且"寒暑代谢，老病相摧，水旱兵疫，魔侣邪见"，也在提醒人提起净念，用什么方法呢？信、愿、行。

与悟开师书

·举凡六根所对一切境界，所谓山河大地，明暗色空，见闻觉知，声香味等，何一非阐扬净土之文字也。

·一句者，信愿行也。非信不足以启愿，非愿不足以导行，非持名妙行不足满所愿而证所信。净土一切经论，皆发明此旨也。

·净土法门，具四法界。所有事相，皆事事无碍之法界也。

·净土要旨，全事即理，理事圆融，即契本体。

窃闻净土者，乃究竟畅佛本怀之法也，高超一切禅教律，统摄一切禅教律。略言之，一言、一句、一偈、一书，可以包括无余。广说之，虽三藏十二部之玄言，五宗诸祖师之妙义，亦诠不尽。纵饶尽大地众生，同成正觉，出广长舌，以神通力、智慧力，尘说、刹说、炽然说、无间说，又岂能尽？良以净土本不思议故也。试观《华严》大经，王于三藏，末后一着，归重愿王。《法华》奥典，妙冠群经，闻即往生，位齐等觉。则千经万论，处处指归者，有由来也。文殊发愿，普贤劝进，如来授记于《大集》，谓末法中非此莫度。

龙树简示于《婆沙》，谓易行道，速出生死。则往圣前贤，人人趣向者，岂徒然哉！诚所谓一代时教，皆念佛法门之注脚也。不但此也，举凡六根所对一切境界，所谓山河大地，明暗色空，见闻觉知，声香味等，何一非阐扬净土之文字也。寒暑代谢，老病相摧，水旱兵疫，魔侣邪见，何一非提醒当人速求往生之警策也。广说其可尽乎？

言一言统摄者，所谓净也。净极则光通，非至妙觉，此一言岂易承当？于六即佛颂研之可知之。一句者，信愿行也。非信不足以启愿，非愿不足以导行，非持名妙行不足满所愿而证所信。净土一切经论，皆发明此旨也。一偈者，《赞佛偈》也。举正报以摄依果，言化主以包徒众。虽只八句，净土三经之大纲尽举也。一书者，《净土十要》也。字字皆末法之津梁，言言为莲宗之宝鉴。痛哭流涕，剖心沥血，称性发挥，随机指示。虽拯溺救焚，不能喻其痛切也。舍此则正信无由生，邪见无由殄也。就中最要者惟要解，而初心入门，断疑生信，作险道之善导，示宝所以必趣者。天如或问，妙叶直指，尤为破坚冲锐之元勋也。

须知净土法门，具四法界，所有事相，皆事事无碍之法界也。读而修者，切不可执理废事。倘一执之，则事理两丧。如人知意根最胜，而废弃五根，则意根亦无地可立矣。唯即事以明理，由理以融事者，方可无过。所谓净土要旨，全事即理，理事圆融，即契本体。早知师已饱餐王膳，而犹汲汲于献芹者，不过表穷子思归之寸忱，兼欲雪往昔谤法之愆尤也。

念佛重相感

"以生时已将躯壳看破，此系最大一种利益。"本文中，印光大师说及了女人之障："每每唯恋幻质，日事妆饰。"这的确是萦绕女人心海挥之不去之重念，女人为了幻美，可为之生，为之死。

由此说及病苦是内心之显，此与"新时代讯息"中突显者相契。生病是了苦。

大师告诉我们，念佛不在求人天福报，在于信愿与佛菩萨相感。

复郁智朗居士书

· 以生时已将躯壳看破，此系最大一种利益。以女人每每唯恋幻质，日事妆饰，既无此念，自与净土法门，容易相应。

· 念佛之人，决定能消除业障。其有业障现前者，系转将来堕三涂之恶报，以现在之病苦即了之也。

· 自己以信愿感佛，佛以慈悲摄受，感应道交，必能仗佛慈力，带业往生。

福峻之事，若汝所叙，生前死后，种种是实，则可决定往生。以生时已将躯壳看破，此系最大一种利益。以女人每每唯恋幻质，日事妆饰，既无此念，自与净土法门，容易相应。临终之瘦削及病苦，乃多劫之业障，以彼笃修净业，殆转重报后报，为现报轻报耳。

汝谓由修持精进，致身体日弱，此语不恰当，兼有令信心浅者，因兹退惰之过。须知念佛之人，决定能消除业障。其有业障现前者，系转将来堕三涂之恶报，以现在之病苦即了之也。

《金刚经》谓持《金刚经》者，由被人轻贱之小辱，便灭多劫三涂恶道之苦。则福峻之将往西方，固以此小苦，了无量劫来之恶报，实为大幸。切不可学不知事务人，谓因修持而致病及死也。念佛人平时有真信切愿，无一不得往生者。况福峻临终正念昭彰，作问讯顶礼等相；而死后身体柔软洁净，颜貌如生，又何必以彼功夫浅为疑乎？夫弥陀愿王，十念尚度，况彼精进修持，已二三年，又有何疑？

世有种人，志意下劣，虽常念佛，不求往生，唯欲求人天福报，此种人纵毕世修行，只得来生之痴福而已。有正信者，自己以信愿感佛，佛以慈悲摄受，感应道交，必能仗佛慈力，带业往生。又何须问彼见佛与否，方可断判也。

至于人未终前，若彼自能沐浴更衣，则甚善。如其不能，断不可预行沐浴更衣，令彼难受疼痛，致失正念。以汝尚以未着法衣，令其盘膝趺坐为遗憾。不知当此之时，只好一心同声念佛，万万不可张罗铺排（指沐浴、更衣、令坐等）。若一张罗铺排，即成落井下石，切记、切记。

令慈年迈，光若不说此弊，汝后会以尽孝之心，阻亲往生，俾长劫流转于生死中，莫之能出也。吾人但取其实，毋矜其名，汝之记颇好，并不必求人作文以传，此皆世间虚浮之事。但宜自己，并其家属念佛，以期同生西方即已。光每日朝暮课诵回向时，兼称福峻名，回向一七，以尽师徒之谊。又福峻此番之生与死，可谓不虚生浪死矣。幸甚！至于骨做面丸之事，甚好。但不可粗心为之，必须将骨研成细粉，用细罗罗过，与面无异方可。倘粗心大概研之，便和面做丸，恐小鱼食之，或有鲠刺于腹之患。光恐汝粗心，不得不说。

慈悲愿深

本文一开始即见印光大师之自谦，说及他自幼眼睛不好，不能看经论，所以一心执持佛号。

重点在说明自性如来，非生非灭。学者每每在此处有惑，大师费心说得很清楚。

且勉你我要慈悲愿深，生死心切！

复海曙师书

· 五阴、六入、十二处、十八界、七大，一一皆如来藏妙真如性，周遍法界也。

· 达磨云："二百年后，明道者多，行道者少，说理者多，通理者少。"

友人以《时事新报》征文启见寄，光企座下发挥佛祖道妙，以结法缘。座下以：执心在内一，直指见性是心非眼二，色阴本如来藏妙真如性三，眼入本如来藏妙真如性四，十二处本如来藏妙真如性五，地大周遍六，一心二门七等七题，令光作论，而曰拟作模范。

光幼失问学，长无所知，兼以宿业深厚，生即病目。近十余年来，一切经论，皆不能看。但只执持佛号，忏除宿业，企其仗佛慈力，速生西方而已。何能作论，况曰拟作模范乎？其谦恭自牧，诚可嘉尚。其意见错谬，有不堪详言者。

夫欲发挥《楞严》《起信》之奥，何不取法乎释迦如来，与马鸣菩萨，及历代古德之注此经此论者，而反拟以光作者为模范？是何异儒者欲发挥二帝三王孔孟之薪传，不以《四书》《五经》《十三经》作模范，而以樵歌牧唱为模范？织师欲织回文古锦，不取织锦者之法则以为模范，而取编芦席者之法则以为模范？何颠倒一至于此！

虽然，人之相交，唯贵各尽其分量而已。昔有童子捧沙供佛，佛即欢喜纳受。以沙乃童子力所能办，其供之之诚，与供无上珍馐妙味，等无有异。今以光所易办之沙，供之座下。固知无用，聊将其诚。倘亦用以涂地，庶可灭我罪垢，长我福田。因将七题一串穿来，侊侗论之，以塞其责。论曰：执心在内在外在中间等，乃凡夫之情见也。执心定不在内在外在中间等，亦凡夫之情见也。非直指见性是心非眼，即末显本，指波即水之真智也。何也？以五阴、六入、十二处、十八界、七大，一一皆如来藏妙真如性，周遍法界也。若有在有不在，则非如来藏妙真如性，不周遍矣。以如来藏妙真如性，含育生佛，包括空有，世出世间，无有一法能出其外，不在其中故也。以凡情观之，岂但五阴、六入、十二处、十八界、七大，皆属生灭，皆非真如，即断惑证真，成等正觉，亦不出生灭之外；以圣智观之，非但断惑证真，成等正觉固属真如，即五阴、六入、十二处、十八界、七大，全体真如。从本已来，原无一毫生灭之相可得。再进而论之，真亦不立，如本无名。一后跟转，倘不随三世诸佛脚后跟转，则摸着者非衲僧鼻孔，乃阿鼻地狱铁床铜柱上火孔也。

达磨云："二百年后，明道者多，行道者少，说理者多，通理者少。"智者示登五品，南岳示证铁轮。故知今人于宗教二门，开眼尚难，何况实证。其有慈悲愿深，生死心切者，宜随远公、智者、永明、莲池，专致力于念佛求生净土一门也。书至此，有旁不甘者呵曰："佛法广大如法界，究竟如虚空，妙性圆明，离诸名相。安用汝许多落索，分疆立界为？"予应之曰："妙性虽离名相，名相岂碍妙性？虚空法界虽无疆界，疆界岂碍虚空法界？吾欲舍东往西，必须定南辨北。庶几方向不迷，措足有地。又恐己见错谬，欲请正于达人。是跛夫之路程，非轮王之舆版（舆版即地舆图）。若夫通方开士，过量大人，世法全是佛法，业道无非佛道。祖意教理，佛经禅录，本自融通，有何混滥？尽吾之智，不能测其境界；竭吾之力，不能窥其藩篱。吾之鄙论，姑就吾之鄙机言耳。子何以迦楼罗王之飞腾，用责于蠓螟蚊蚋，而令其齐驱也哉！"

信愿

本文讲到净土法门的一大重点"信愿"。

蕅益大师便说"得生于否，全由信愿，品位高下，全由持名之深浅"。信愿的生起要在平时修，不论行住坐卧，语默动静，当以六字洪名置于心口，并且多读净土专书。

复高邵麟居士书三

· 佛说一切大小权实法门，皆须仗己功力，断惑证真，方出生死。若惑业有一丝毫，生死决定难。

· 佛悯众生无力断惑，难了生死，故特开一仗佛慈力，带业往生之横超法门。

· 决定不生一念欲受之心，如是决定，则己之信愿行，方能感佛。佛之誓愿，方能摄受。

· 当以六字洪名，置之心口之间。但于如法时处，声默随宜。若大小便睡眠，则只许默念，切勿出声。

书中语语真实，欲得佛法实益。但以未知净土法门之所以，其心愿便与佛愿相违。世之修持求了生死者多矣，然每每以己愚见，测度如来不思议大法，遂致北辕适越，不能了脱。今生尚无正见，况来生乎？万一得人身，而被今生所修之痴福所迷，安望其更加精进以求出离也耶？佛说一切大小权实法门，皆须仗己功力，断惑证真，方出生死。若惑业有一丝毫，生死决定难出。是以从生至生，从劫至劫，辗转修持。或有力量充足，直进不退，即能了脱者。多皆旋觉忽迷，暂进久退，经尘点劫，不能出离。

所以尔我今日尚为凡夫，皆坐不知如来普被三根，至极圆顿之净土法门故也。汝纵未亲知识，亦曾诵《弥陀经》《无量寿经》《十六观经》，及各《净土发愿文》《龙舒文》《归元直指》。彼皆令即生往生，汝偏欲辗转来生。佛愍众生无力断惑，难了生死，故特开一仗佛慈力，带业往生之横超法门。无论断惑与否，若具真信切愿，持佛名号（此是正行），及修行众善，回向往生（此是助行），无一不得生者。即五逆十恶之人，临终地狱相现，若心识不迷，闻善知识教以念佛求生西方，若念十声，或止一声，当下命终亦得往生（此在《十六观经·下品下生》章，系金口诚言）。既往生已，即已高预海会，永出轮回，渐次进修，以圆佛果。若此逆恶罪人，不闻此不思议法，经尘点劫，难出地狱。饿鬼畜生尚难得，况欲得人身而修行了生死耶？当须发决定心，临终定欲往生西方。且莫说碌碌庸人之身，不愿更受，即为人天王身，及出家为僧，一闻千悟，得大总持，大宏法化，普利众生之高僧身，亦视之若毒荼罪薮，决定不生一念欲受之心。如是决定，则己之信愿行，方能感佛；佛之誓愿，方能摄受，感应道交，蒙佛接引，直登九品，永出轮回矣。

三归五戒，为入佛法之初门，修余法门，皆须依此而入，况即生了脱之至简至易，至圆至顿之不思议净土法门耶？不省三业，不持五戒，即无复得人身之分，况欲得莲华化生，具足相好光明之身耶？

汝日暮途远，宜从径直之法，且专门读诵净土三经及《普贤行愿品》，研究净土诸经注疏。若诸语录、《金刚》《法华》，且先置之度外。以事宜急先，心无二用故也。至于寡过一事，实为儒佛切要功夫。蘧伯玉行年五十，而知四十九年之非。使人谓其欲寡其过而未能，此实在意地上用功，非身口动辄有过也。在家居士，日与常人酬酢，固宜刻刻提防，否则不但意业不净，即身口亦或污秽不净。欲其自他兼利，莫过于多识前言往行，以存龟鉴。

《安士全书》实为古今第一融通儒佛心法，详示因果报应及修持方法之导俗奇书。宜常翻阅，庶无疑不释，无行不谨矣。《法苑珠林》更加阔大，虽非甚深经典，然初心由浅及深，则无误会之失。若不先悉罪福因果，便拟直探第一义谛实相妙理，或恐见地不清，错认消息。则以迷为悟，求升反坠矣。汝既专修净土，宜以莲池大师新定《净土发愿文》为主（《省庵语录》下卷，有此愿文注解，阅之自知其妙）。汝自立四愿，或兼用或不用皆可。以彼《愿文》，事理周到，了无一义一法之渗漏。彼云法界，则包括无遗。汝云大千，校法界量，奚啻大地一尘，大海一滴？历观汝书，似是真实在心地上用功。然今之学者，每每专说假话，不修实行，意拟沽名钓誉以求体面，并非真实自省寡过而作是言也。此名自暴自弃，名大妄语，名不知惭愧。若非此等，则为圣贤之徒；若带此气，则是下流坯，乃法之罪人，佛之逆子。有则改之，无则加勉，直心直行，方与佛合。

又自既修持净业（谓改过迁善及念佛，即生即愿往生西方），亦当教一切相识者，亦修净业。宜依《龙舒文·普劝门》，令其随分随力，种此不思议善根。然既欲教人，须由亲及疏，妻妾子女，忍不令得此利益乎？文王刑于寡妻，至于兄弟，以御于家邦。世出世间自行化他，莫不如是。汝专求往生，晨朝十念外，凡行住坐卧，语默动静，着衣吃饭，屙屎放尿，一切时、一切处皆当以六字洪名，置之心口之间。但于如法时处，声默随宜。若大小便睡眠，则只许默念，切勿出声。默则功德齐等，声则不恭，睡则又加伤气，不可不知。须知西方极乐世界，莫说凡夫不能到，即小乘圣人亦不能到，以彼系大乘不思议境界故也，小圣回心向大即能到。凡夫若无信愿感佛，纵修其余一切胜行，并持名胜行，亦不能往生，是以信愿最为要紧。蕅益云："得生与否？全由信愿之有无。品位高下，全由持名之深浅。"乃千佛出世不易之铁案也。能信得及，许汝西方有份。

念而无念

从本文，可知念佛方法，第一段宜详读。念佛之"念"不是起心动念的意思，是"念而无念，无念而念"，念到境界现前，不必相认。

念佛法亦可寻世面流通的一些课诵本来参考。

复马契西居士书五

·虽不起心动念，而一句佛号，常常称念，或忆念。故云："念而无念，无念而念也。"

·无念而念，谓无起心动念之念相。

念佛时各随所宜。今丛林念佛堂，皆先念《弥陀经》，经完，念《往生咒》，或三遍，或一遍。然后举《赞佛偈》，至偈毕，接念南无西方极乐世界大慈大悲阿弥陀佛，即绕念，须从东至南至西至北绕。此为顺从，为随喜，顺从有功德。西域最重围绕，此方亦与礼拜均行。若从东至北至西至南，则是反绕，有罪过，不可不知。绕念一半，即坐默念，约一刻，又出声念。念毕跪念佛十声，观音、势至、清净大海众各三声，然后念《发愿文》。在家人恐室小难绕，则立跪坐念，皆须按己精神而定，正不必令他人为立法则也。念而无念，无念而念者，乃念到相应时，虽常念佛，了无起心动念之相（未相应前，不起心动念念，则不念矣）。虽不起心动念，而一句佛号，常常称念，或忆念。故云："念而无念，无念而念也。"

无念，不可认作不念。无念而念，谓无起心动念之念相，而复念念无间。此种境界殊不易得，不可妄会。观想一法虽好，必须了知所见佛像，乃属唯心所现。若认作心外之境，或致着魔发狂，不可不知。唯心所现者，虽其像历历明明，实非块然一物。若认作外境，作块然实有，便成魔境矣。合眼开眼，但取合宜可也。兼持观音圣号，甚有恃怙，一切人皆宜如此修之。做事时，不能念兹在兹者，以未到一心不乱境界，则心无二用，难免间隔。苟能常存觉照，亦无所碍。

人须各守本分。汝上有祖母父母，下有小弟妻室，而且职业极闲，最易修持。不于此境，真实用功，而妄欲出家修行。汝出家有此好机缘，专心办道乎？不知出家有出家之事，谁能一事不理。即如光了无一事，亦几终岁长忙，无暇专心念佛，况其余者哉！祈随分随力修持，勿作分外之想，则幸甚！

五常百行，无非孝道

孝，先王修之以成至德，如来乘之以证觉道。世俗人每每以"不孝"之词指责出家人，印光大师说："佛家之孝不在形迹，而是在本体，在成道利生，在报答多生之父母与无量劫来四生六道中一切父母。"要怎么做？本文有说，精彩。

六度万行，无非孝道扩充。父母在的时候，则善巧地为父母劝解，度他们学佛。父母过去了，则要为他们做功德回向。

并且，佛家的慈悲心就是孝顺的显现，因为六道众生都是我的父母。

佛教以孝为本论

· 释氏之所谓孝者，略于迹而专致力于本也。

· 惟我释子，以成道利生为最上报恩之事。且不仅报答多生之父母，并当报答无量劫来四生六道中一切父母。

· 亲在，则善巧劝谕，令其持斋念佛求生西方。亲殁，则以己读诵修持功德，常时至诚为亲回向。

孝之为道，其大无外。经天纬地，范圣型贤。先王修之以成至德，如来乘之以证觉道。故儒之《孝经》云："夫孝，天之经也，地之义也，民之行也。"佛之《戒经》云："孝顺父母、师、僧三宝，孝顺至道之法，孝名为戒，亦名制止。"是世出世间，莫不以孝为本也。奈何世俗凡情，只知行孝之显迹，不知尽孝之极致。每见出家释子，辄随己臆见，肆其谤谤，谓为不孝父母，与荡子逆徒无异。不知世法重孝，出世间法亦无不重孝。盖世之所谓孝者，有迹可循者也。

释氏之所谓孝者，略于迹而专致力于本也。有迹可循者，显而易见。专致力于本者，晦而难明。何以言之？儒者服劳奉养以安其亲，孝也。立身行道，扬名于后世以显其亲，大孝也。推极而论，举凡五常百行，无非孝道发挥。故《礼》之《祭义》云："断一树，杀一兽，不以其时，非孝也。"故曰孝悌之道，通于神明，光于四海也。论孝至此，可谓至矣尽矣，无以复加矣。然其为孝，皆显乎耳目之间，人所易见。

惟我释子，以成道利生为最上报恩之事。且不仅报答多生之父母，并当报答无量劫来四生六道中一切父母。不仅于父母生前而当孝敬，且当度脱父母之灵识，使其永出苦轮，常往正觉。故曰释氏之孝，晦而难明者也。虽然，儒之孝以奉养父母为先者也。若释氏辞亲出家，岂竟不顾父母之养乎？夫佛制，出家必禀父母。若有兄弟子侄可托，乃得禀请于亲，亲允方可出家，否则不许剃落。其有出家之后，兄弟或故，亲无倚托，亦得减其衣钵之资，以奉二亲。所以长芦有养母之芳踪（宋长芦宗赜禅师，襄阳人。少孤，母陈氏鞠养于舅家。及长，博通世典，二十九岁出家，深明宗要。后住长芦寺，迎母于方丈东室，劝令念佛求生净土。历七年，其母念佛而逝。事见《净土圣贤录》）、道丕有葬父之异迹（道丕，唐宗室，长安人。生始周岁，父殁王事。七岁出家，年十九，世乱谷贵，负母入华山，自辟谷，乞食奉母。次年往霍山战场，收聚白骨，虔诵经咒，祈得父骨。数日父骨从骨聚中跃出，直诣丕前，乃掩余骨，负其父骨而归葬焉。事见《宋高僧传》）。故经云："供养父母功德，与供养一生补处菩萨功德等。"亲在，则善巧劝谕，令其持斋念佛求生西方。亲殁，则以己读诵修持功德，常时至诚为亲回向。令其永出五浊，长辞六趣。忍证无生，地登不退。尽来际以度脱众生，令自他以共成觉道。如是乃为不与世共之大孝也。

推极而论，举凡六度万行，无非孝道扩充。故《梵网戒经》，一一皆言应生慈悲心、孝顺心。又云："若佛子以慈悲心，行放生业。一切男子是我父，一切女人是我母，我生生无不从之受生。故六道众生，皆是我父母，而杀食者，即是杀我父母。"因兹凡所修持，皆悉普为法界众生而回向之。则其虑尽未来际，其孝遍诸有情。若以世孝互相校量，则在迹不无欠缺，约本大有余裕矣。惜乎不见此理者，不谓之为妄诞，便谓之为渺茫。岂知竖穷三际，横遍十方，佛眼圆见，若视诸掌也。

净土法门的原则

学佛，为了证得实相。从文字相来观照，由观照入实证，亲身体验般若，心即是净土，行为也是净土，这是《阿弥陀经》阐释的。

净土经典的用意在启发众生发愿，明白因缘大事。

持名念佛的法门实修起来，若万千细行都一心不乱，便能证入实相境界。

重刻佛说阿弥陀经序（代撰）

· 由文字般若而起观照般若，由观照般若而证实相般若。既证实相般若，则心净土净，情空境空。

· 笃修一行，圆成万德，顿令因心，即契果觉者，其唯《佛说阿弥陀经》欤！

窃惟净土之为教也，肇始于弥陀导师，演畅于释迦世尊。十方诸佛，出广长舌以赞扬；两土圣贤，发金刚心而流布。总而论之，一代时教，百千法门，无非令人由文字般若而起观照般若，由观照般若而证实相般若。既证实相般若，则心净十净，情空境空。如一月普印于千江，若万籁咸鸣于一风；光明寿命，横遍竖穷，直与弥陀世尊，同一广大悠久。如是则何经非净土之经，何行非净土之行。

约而言之，唯净土三经，专明其致。大启愿轮，深明缘起，其唯《无量寿经》。专阐观法，兼示生因，其唯《十六观经》。如上二经，法门广大，谛理精微，末世钝根，诚难得益。求其文简义丰，词约理富，三根普被，九界同遵，下手易而成功高，用力少而得效速，笃修一行，圆成万德，顿令因心，即契果觉者，其唯《佛说阿弥陀经》欤！良由一闻依正庄严，上善俱会，则真信生而切愿发，有若决江河而莫御之势焉。从兹拳拳服膺，执持万德洪名，念兹在兹，一心不乱。能如是，则现生已预圣流，临终随佛往生，开佛知见，同佛受用。是知持名一法，囊括万行。全事即理，全妄即真。因该果海，果彻因源。诚可谓归元之捷径，入道之要门。

古德谓余门学道，如蚁子上于高山；念佛往生，似风帆扬于顺水，良有以也。某宿业深重，罔谙净宗。实无自利利他之力，颇有己立立人之心。重刊此经，广为流通。俾读者各各执持名号，咸归一心。迥出尘世，倏登极乐。以法藏之愿轮，摄取众生。仗净土之境缘，直趋佛果。庶无问自说，不付空谈。而有闻斯行，方为实行。遂稽首谨劝而说颂曰：见闻随喜者，悉发菩提心，尽此一报身，同生极乐国。

坯器未烧，遇雨则化

"敢请通宗通教之士，共随华藏海会诸菩萨，及诸愚夫愚妇之班，一致进行，同往西方。"如此，不辜负佛的教化，亦不愧色身为人。

这是印光大师的恳切处，也是可爱处，大师身在解脱佛境，仍用心劝解烦惑的众人，念佛啊！念佛！《普贤行愿品》是普贤说偈称赞如来胜妙功德。

普贤行愿品疏钞撷序

·净土法门，其大无外。一切诸佛，及诸佛阿耨多罗三藐三菩提法，皆从此出。一切菩萨，及菩萨上求下化称性所修之道，皆从此入。

·坯器未烧，经雨即化。烦惑未断，转生即迷。

·参宗者专主参究，以期明心见性。不知其机稍劣，不能明心见性者多多也。即使已得明心见性，而惑业未断，仍旧轮回生死，不能出离者，又多多也。

·《华严》一经，王于三藏。乃如来初成正觉，为界外四十一位法身大士，所说一生成佛之法。

净土法门，其大无外。一切诸佛，及诸佛阿耨多罗三藐三菩提法，皆从此出。一切菩萨，及菩萨上求下化称性所修之道，皆从此入。所谓无不从此法界流，无不还归此法界也。夫如来为一大事因缘，出现于世。虽随机设教，种种不一。求其若圣若凡，上中下根，乃至逆恶之流，同于现生了生脱死，俯视三界，高登九品者，唯净土一门为然也。

噫！如来大慈，普度众生，唯此一法，堪畅本怀。众生修行，冀出生死，唯此一法，决遂所愿。法门广大，利益宏深。固宜一切佛子，悉皆奉行。何近见愚夫愚妇，率多竭诚归命；而通宗通教之士，反漠然置之？若不闻知者然，其故何在？以研教者按常途教理以论断证，不信有带业往生之事。矜常处生死以度众生，不愿为速出生死之人。不知坯器未烧，经雨即化。烦惑未断，转生即迷。自利尚难，焉能利他？此皆不谅己德，以博地凡夫，稍具慧性，便以法身大士之作略自拟，以致一误永误也。

参宗者专主参究，以期明心见性。不知其机稍劣，不能明心见性者多多也。即使已得明心见性，而惑业未断，仍旧轮回生死，不能出离者，又多多也。

五祖戒、草堂清、海印信、真如喆等，乃其确证。噫！死生亦大矣，何可以专仗自力而不仗佛力耶？抑或自力果愈于佛力耶？夫人之处世，大而创业垂统；小而一衣一食，莫不仗众人之力，以成自事。至于了生死大事，乃虽有佛力而不肯倚仗。欲显出格之作略，恐堕愚夫之窠臼，其志可谓大矣！惜乎不知其所谓大也。

不观《华严》一经，王于三藏，乃如来初成正觉，为界外四十一位法身大士，所说一生成佛之法。其一生成佛之归宗结顶究竟实义，在于以十大愿王，回向往生西方极乐世界，以期圆满佛果。夫善财所证，已得与普贤等，与诸佛等，所谓等觉菩萨也。等觉去佛，特一间耳，尚须回向往生。举华藏世界海诸菩萨，同禀此教，同修此法，岂今之通宗通教者，其根性之利，证入之深，悉能超过此等菩萨乎？千经万论，处处指归，往圣前贤，人人趣向，岂此诸经论，皆不足遵依？此诸圣贤，愚夫愚妇耶？一言以蔽之，曰："业深障重，未应解脱。"故致日用不知，习矣不察而已。

《普贤行愿品》者，即八十卷《华严经》末后之《入法界品》。善财遍参五十三位善知识，至普贤所，承普贤开示，及威神之力，即证等觉。普贤乃为说偈，称赞如来胜妙功德。以文未尽，故未结而终，清凉国师特著《疏钞》，以大宏其道。

至德宗贞元间，南印度乌荼国王，方贡《普贤行愿品》之梵本全文，译成四十卷。前之三十九卷，即八十《华严经》之《入法界品》，而文义加详。第四十卷，乃现所流通之《普贤行愿品》也。时清凉亦预译场，极为赞扬，奉命撰《疏》。四十卷之全《疏》，中国久已失传，幸东洋《藏》中，尚有其书。北京刻经处，专刻古德佚书，不久当可流通也。

此一卷经，又复重为别行疏，以备乐简略，及修净土者之研穷。其徒圭峰，为之造《钞》，固已中外流通矣。但以文富义繁，不便初机。范古农居士，以世之净土三经并《行愿品》一卷为净土四经。三经注者颇多，不妨随机取阅。此经唯有《疏钞》，虽发挥尽致，而初机每多茫然，遂即《疏钞》，撷其要义，刊板流通。文虽简略，义仍具足，可谓观机逗教，有益法门，殊非浅鲜。学者果能先阅撷本，后读全文，不但清凉宏赞之心，可以悉知，而普贤劝发，如来出世之心，亦可以悉知矣。敢请通宗通教之士，共随华藏海会诸菩萨，及诸愚夫愚妇之班，一致进行，同往西方，庶可不辜佛化，不负己灵也已。

云开月露

《金刚经》是入佛法要的基本经典。

第一段在阐释《金刚经》经义，第二段讲到经中提及"为人说法之无上功德"，为人说法是庄严自己亦庄严了众生，这就是"空"义。

"以如如智，契如如理"，就是实践空义的原则。

金刚经次诂序

·心与道合，心与佛合，故能转最重之后报，作最轻之现报，而复当得菩提也。

·化他，心不住相，则以如如智，契如如理。

《金刚经》者，即有谈空，不堕空边；即空论有，不堕有边；空有两泯，真俗不二。生佛一致，事理圆融，行起解绝，直趣觉海。一切菩萨，依此而修因，三世诸佛，依此而证果。乃如来一代时教之纲要，实菩萨上弘下化之准绳。示如如之本体，机理双契。证空空之三昧，解行俱圆。妙而又妙，玄之又玄。猗欤！懿哉！何可得而思议也已。世多不察，谓为空宗，其辜负佛恩也其矣。

夫度尽一切众生，不见能度所度之相。不住色、声、香、味、触、法，而行布施，以至六度，及与万行。以无我人众生寿者，修一切善法，无所住而生心。虽说法而无法可说，虽成佛而无菩提可得。是则云腾行海，波涌度门。乃称性缘起之道，行所无事。以故内不见有能度之我，外不见有所度之人与众生，中不见有所证之无余涅槃之寿者相。自他见亡，凡圣情尽，三轮体空，一道清净。如如不动实相妙理，彻底圆彰，故得福德等彼十方虚空也。

　　至于受持此经，为他人说，虽四句、三句、二句、一句，其福胜彼三千大千世界满中七宝布施，及无量百千万亿劫，日日三时，以恒河沙等身命布施之福。良以一切诸佛，及诸佛无上觉道之法，皆从此经出故。

　　故说法者，即是以佛庄严而自庄严，并以庄严一切众生。此其自行化他真实功德，名之为空，岂有当哉？是故随说此经，虽止四、三、二、一句等，而一切天人，皆应如佛塔庙而供养之。以持经之人，心与道合，心与佛合。故能转最重之后报，作最轻之现报，而复当得菩提也。

　　以自行化他，心不住相，则以如如智，契如如理。直下与菩提涅槃，混而为一。如水投水，似空合空。虽有圣智，莫能分别也。如来一代所说法门，悉以此智照了而修。则水到渠成，云开月露，一尘不立，万德圆彰矣。

马通白居士者，宿植德本，笃信佛乘，品行清高，著述宏富。实当代之文宗，具超格之学识。然以志树儒宗，未暇殚精内典。迨岁周华甲，以沧桑迭迁，悟身世无常，遂屏除一切，专阅佛经。始知如来所说，皆示吾心。而本有衣珠，几致忘却。庆幸之极，转为悲感。后阅此经，心华顿发，因随所见，注为《次诂》。浑融之文，以章段显之。玄妙之义，以平实明之。契理契机，彻上彻下。固初机之良导，实入佛之要门。诸门人欲为刊板，永用流通。庶通方儒士，悉皆景仰而效法焉。其为利益，唯佛能知。勉抒愚怀，用为序引。

咸示第一义

山色溪声，咸示第一义谛。鸦鸣鹊噪，共谈无上心宗。

《释教三字经》也是一艘引渡船，为仿《三字经》之意而作，我们虽无缘得见，倒似乎可从序文中一得此经用意及大师示与的体会。

释教三字经序

·山色溪声，咸示第一义谛。鸦鸣鹊噪，共谈无上心宗。非同非异，非有非空，即权即实，即俗即真。博之则尽十虚而莫容，约之则觅一字不可得。

人同此心，心同此理。凡圣不二，生佛一如。由迷悟之或殊，致升沉之迥别。

大觉世尊，愍而哀之，示成正觉，转大法轮。本一心以建立，作迷津之宝筏。普欲未来，咸登道岸。故以五时所说，及教外别传之旨，付诸弟子，命广流通。由是列宗诸祖，相继而兴。宏宗演教，代佛扬化。

迄今世远年深，事多义广，若非读破《大藏》，妙悟自心，无以测其端倪，得其纲要。每欲撮略梗概，开示后进，因念宋儒王伯厚先生，作《三字经》，以记夫伦常日用之道，与历朝治乱之迹。使学者先知其约，后涉其博。幼而学之，壮而行之，立身行道，致君泽民，以复其人性本有之善。遂仿其意，略叙如来降生成道，说法度生；列祖续佛慧命，随机施教，及与古德自利利他，嘉言懿行，题曰《释教三字经》。俾为沙弥时，诵而习之。知佛经之要义，明祖道之纲宗。及其壮而遍阅三藏，历参五宗。妙悟自心，冥符佛意。方知山色溪声，咸示第一义谛。鸦鸣鹊噪，共谈无上心宗。非同非异，非有非空，即权即实，即俗即真。博之则尽十虚而莫容，约之则觅一字不可得。然后乘大愿轮，阐扬法化。普令法界众生，皈依一体三宝。复本来之面目，传无尽之心灯。是在后进之发心造修焉，予日望之。

明代天启时，蜀东忠州聚云寺，吹万老人释广真作

青天彻露

如印光大师这般的净土大师仍谦称"念佛摸象"啊！

三时境相，唯证方了。大师说道："念佛时，即念返观。专注一境，毋使外驰。念念照顾心源，心心契合佛体。"其中所叙，字句珍贵，希读者好好品味。

念佛三昧摸象记

·三昧境相，唯证方了。如人饮水，冷暖自知。

·当念佛时，即念返观。专注一境，毋使外驰。念念照顾心源，心心契合佛体。

·须向者一念南无阿弥陀佛上，重重体究，切切提撕。越究越切，愈提愈亲。

·体露真常，不拘文字。心性无染，本自圆成。但离妄念，即如如佛者。

·亲见本来，本无所见。无见是真见，有见即随尘。

·心生则种种法生，心灭则种种法灭。万境不出一心，一心融通万境。

岁在丙午，予掩关于慈溪之宝庆寺。谢绝世缘，修习净业。值寺主延谛闲法师，讲《弥陀疏钞》于关旁。予遂效匡衡凿壁故事，于关壁开一小窦。不离当处，常参讲筵。从兹念佛，愈觉亲切。佛号一举，妄念全消。透体清凉，中怀悦豫。直同甘露灌顶，醍醐沃心。其为乐也，莫能喻焉。一日，有客诣关而问曰："念佛一法，吾已修持二十余年。于生信发愿修行，非不真切。而业深障重，未终能到一心不乱境界。窥吾根性，只合带业往生。虽念佛三昧，非此生所敢冀。其能得之法，与所得之相，师其为我言之。"予曰："三昧境相，唯证方了。如人饮水，冷暖自知。我既未证，焉能宣说？"客固请不已。予曰："若论其法，必须当念佛时，即念返观。专注一境，毋使外驰。念念照顾心源，心心契合佛体。返念自念，返观自观，即念即观，即观即念。务使全念即观，念外无观，全观即念，观外无念。观念虽同水乳，尚未鞫到根源。须向者一念南无阿弥陀佛上，重重体究，切切提撕。越究越切，愈提愈亲。及至力极功纯，豁然和念脱落，证入无念无不念境界。所谓灵光独耀，迥脱根尘。体露真常，不拘文字。心性无染，本自圆成。但离妄念，即如如佛者，此之谓也。工夫至此，念佛法得。感应道交，正好着力。其相如云散长空，青天彻露。亲见本来，本无所见。无见是真见，有见即随尘。到此则山色溪声，咸是第一义谛，鸦鸣鹊噪，无非最上真乘。活泼泼应诸法，而不住一法；光皎皎照诸境，而了无一物。语其用，如旭日之东升，圆明朗照；语其体，犹皓月之西落，清静寂灭。即照即寂，即寂即照。双存双泯，绝待圆融。譬若雪覆千山，海吞万派。唯是一色，了无异味。无罣无碍，自在自如。论其利益，现在则未离娑婆，常预海会。临终则一登上品，顿证佛乘。唯有家里人，方知家里事。语于门外汉，遭谤定无疑。"又问："人于日用，普应诸缘。何能触目菩提，头头是道乎？"答："心生则种种法生，心灭则种种法灭。万境不出一心，一心融通万境。若了心体本空，何妨该罗万象。须知万象如幻，生灭唯是一心。诸缘无缚，本自解脱。六尘不恶，还同正觉。心境一如，有何罣碍？不见《华严》事事无碍法界。所谓一一尘中一切刹，一一心中一切心。一一心尘复互周，重重无尽无障碍。以故器界毛尘，云台宝网。咸宣性海，悉演真乘。竖穷三际，横遍十方。觅一毛头许不是道者，亦不可得。则法法头头，无非大寂灭场。心心念念，悉契萨婆若海。唯心妙境，唯境妙心。离四句，绝百非，绝待圆融，何可得而思议也哉？"上来所说，如盲摸象。虽未离象，恐非全象，笔以记之，以质诸亲见之者。

　　　　了余师原稿，略为笔削，以
《佛学丛报》检错数句，故录原文

照！

佛性是"超文字关"的，《心经》却用两百多字解说了十法界的因果事理，即以语言，示离言之道。

观自在菩萨先得我心，我等可不随学乎？

心经浅解序

·只一"照"字，便可法法圆彰，法法圆泯，彰泯俱寂，一真彻露。

详夫心佛众生，三无差别。此无差别之心，虚灵洞彻，澄湛常恒，即寂即照，非有非空，绝凡圣之名称，无生灭之幻象。离心缘相，故情识莫能测度，超文字关，故语言未可形容。然如来智慧广大，于法自在，善以语言，显示离言之道；而且广略适宜，各臻圆妙。是以《大般若》广约佛法众生法，以明心法，有六百卷之多。此经略约心法，以明佛法众生法。文仅二百六十字，而十法界因果事理，无不毕具。以约摄博，了无遗义。若约而言之，则"照见五蕴皆空，度一切苦厄"二句，复为全经枢纽。再约而言之，只一"照"字，便可法法圆彰，法法圆泯，彰泯俱寂，一真彻露，观自在菩萨先得我心，我等可不随学乎？诚可谓如来之心印，《大藏》之纲宗，九法界之指南，《大般若》之关键；义不可思议，功德亦不可思议。故古今受持读诵者，遍于宇中，著述弘扬者，多难胜数也。然理虽甚深，词须逗机，否则契理而不契机矣。季和骆居士，知见圆融，文字活泼，欲令初机易知，故为白话浅解，说理极其透彻，措词唯取通方。《大云》先载，悦可众心，书册续刊，永传遍界。光庸劣无能，偈胜景仰，谨为序引，以助流通云。

医病医心

又是一篇动人的智言慧语。

印光大师分析病之因，说生死大病，由心而起，若能依法修持，心病可治。

若是身病，亦有因缘。真心修持能治，不论是自治或治人，佛法都是良药。

身病有三种。第一种是宿业，面对此病要发菩提心，念佛号超度怨亲债主，令他们离苦得乐，了此宿缘。

第二种身病是内伤，应把自己的职责角色扮演好，做人子女要尽孝道，所谓"敦伦尽分"，诸恶莫作，众善奉行，兼用药医治。

第三是外感，先把内伤治好，外感才有治方。治外感还是由内做起，"内"治不好，"外"则难治，都要从根本做起。

学医发隐

·生死大病，由心而起，故先以治心病为前导。果能依法修持，则身病即可随之而愈。身病有三：一宿业，二内伤，三外感。

·圣人致治于未乱，保身于未病。

·须以大菩提心，常以佛菩萨圣号，及《大悲咒》，普为自他持诵，以期彼此同获现生身心安乐。

·"祸福无门，唯人自召。"独世之大聪明人，多皆是欲得福乐，反召祸殃。

佛为大医王，普治众生身心生死等病。然生死大病，由心而起，故先以治心病为前导。果能依法修持，则身病即可随之而愈。身病有三：一宿业，二内伤，三外感。此三种病，唯宿业难治。倘能竭诚尽敬，发自利利他之大菩提心，念南无阿弥陀佛，及念南无观世音菩萨圣号，超度宿世所害之怨家对头，彼若离苦得乐，病者即可业消病愈。不但不复为祟，反感超度之恩，而阴为护佑。凡婴此病，及医此病者，均不可不知此义。

二内伤，或用心过度，或于酒、色、财、气，各有嗜好。若能敦伦尽分，闲邪存诚，诸恶莫作，众善奉行，兼用药治，必易痊愈。倘不注意于根本，唯仗医药，亦难见效。纵效，亦不能永不复发。

三外感，但能依前内伤所说之法而行，纵有外受风寒暑湿之患，亦极易治。若不注意于惩忿窒欲，闲邪存诚，即外感亦不易治。以根本受伤，徒治枝末，殊难得益。所以圣人致治于未乱，保身于未病，虽无治保之奇迹，其为治保也大矣。

余素不知医，颇欲世人咸皆无病，日持《大悲咒》，加持净水。有久婴痼疾，中西医士均不能治者，令其戒杀护生，吃素念佛，及念观音。果真至诚，即可立刻回机，不久自愈。纵不即愈，决无加重之理，且能消除恶业，增长善根，又无所费。

汝欲学医，虽以针灸药品为事，须以大菩提心，常以佛菩萨圣号，及《大悲咒》，普为自他持诵。以期彼此同获现生身心安乐，临终决生西方。则不负为佛弟子，随分随力，普利自他之道。若如世之庸医，唯期得利，不以救人病苦为事。纵令财发巨万，亦只得其自身永堕恶道，子孙或成败类，或竟灭绝，徒得自利利他之机，反成害人害自之果。可不哀哉！可不畏哉！《感应篇》云："祸福无门，唯人自召。"独世之大聪明人，多多皆是欲得福乐，反召祸殃。汝能不随彼流，当可得大国手之名实，否则便是民贼而已。何取何舍，祈自择焉。

一九三八年为弟子朱清泰说

良心药方

印光大师曾说："病由身生，身由业生。"病时当息心静念，最为第一。如至诚念佛，并念观音。

念佛固然是病时的精神疗法，服药则是身体疗法，这化痰止咳药，出于大师，有其药理，您不妨参考。

化痰止咳丸方

制法：用荆芥、桔梗、紫菀、百部、白前、陈皮、桑白皮、甘草各一两，均生研极细末，另加生萝卜子二两研，再用枇杷叶一两煎汤，挤滤萝卜子得汁，再加生萝卜汁二两，和萝卜子汁为丸，加上百炼蜜二三两更好，每丸重二钱五分。

服法：用开水化服，每次一丸，小儿减半。每日早起空肚及晚间临睡各一次。

此方，原出《医学心悟》，《验方新编》载之，漏去陈皮、甘草。且各经炒制，服之嫌燥。今加桑白皮，又用枇杷叶、萝卜子、萝卜汁合为丸，各药生研。从此用无不效，风寒痰热皆宜。聂云台识。

余偶伤风咳嗽，在云台取士处，取得十余丸，服数丸而愈。所余，及向三乐社再取，转送与人，均称灵效。特附方于此。愿阅者按方配制，方便利人，功德无量。德森再识。

忽有船来

众生堕入轮回、烦恼的大海，就好比是做父亲的失去了唯一的儿子，心灵失去依托。因为悲悯众生的苦境，才有如父亲的佛陀出现说法，才有方便众生的三归、五戒。

三归：意在翻邪归正。

五戒：意在断恶修善。

十善：意在清净身口意。

它们像是一条船，使堕入轮回大海的人可以有个依托，所谓："生死为海，三宝为船。"三归、五戒是佛与众生结的第一个缘。

在这篇文章中，印光大师对三归五戒有完善的解释，如用着偷心而行事（做事敷衍、浑水摸鱼）都算是偷盗之意。至于十善，若逆行则为十恶。读者可自这基本佛家戒律，了知印光大师的思想及笃实的解释。

为在家弟子略说三归五戒十善义

·三业既净，然后可以遵修道品，令其背尘合觉，转凡成圣。断贪嗔痴烦恼之根本，成戒定慧菩提之大道。

· 生死为海，三宝为船。众生归依，即登彼岸。

· 业者，事也。若持而不犯，则为十善。若犯而不持，则为十恶。

· 善因感善果，恶因感恶果。决定无疑，丝毫不错也。

悲哉！众生从无始来，轮回六道，流转四生，无救无归，无依无托。若失父之孤子，犹丧家之穷人。总由烦恼恶业，感斯生死苦果。盲无慧目，不能自出。

大觉世尊愍而哀之，示生世间，为其说法。令受三归，为翻邪归正之本。令持五戒，为断恶修善之源。令行十善，为清净身口意三业之根。从兹诸恶莫作，众善奉行。三业既净，然后可以遵修道品，令其背尘合觉，转凡成圣。断贪嗔痴烦恼之根本，成戒定慧菩提之大道。故为说四谛、十二因缘、六度、三十七助道品等无量法门。又欲令速出生死，顿成佛道。故为说念佛求生净土法门。使其不费多力，即生成办。

噫！世尊之恩，可谓极矣。虽父母不足譬，天地不足喻矣。不慧受恩实深，报恩无由。今汝等谬听人言，不远数千里来，欲以我为师。然我自揣无德，再四推却，汝等犹不应。今不得已，将如来出世说法度生之意，略与汝等言之。并将三归、五戒、十善，及净土法门，略释其义。使汝等有所取法，有所遵守。其四谛，乃至三十七助道品等，非汝等智力所知，故略而不书。汝等若能依教奉行，便是以佛为师，何况不慧？若不依教奉行，则尚负不慧之恩，何况佛恩？

三归者

归，亦作皈，皈字从白从反，取其反染成净之义。一归依佛、二归依法、三归依僧。

归者，归投。依者，依托。如人堕海，忽有船来，即便趣向，是归投义。上船安坐，是依托义。生死为海，三宝为船。众生归依，即登彼岸。既归依佛，以佛为师。从今日起，乃至命终，不得归依天魔外道、邪鬼邪神。既归依法，以法为师。从今日起，乃至命终，不得归依外道典籍。（法，即佛经，及修行种种法门，典籍即经书也）既归依僧，以僧为师。从于今日，至命终时，不得归依外道徒众。

五戒者

一不杀生、二不偷盗、三不邪淫、四不妄语、五不饮酒。

好生恶死，物我同然。我既爱生，物岂愿死？由是思之，生可杀乎？一切众生，轮回六道。随善恶业，升降超沉。我与彼等，于多劫中，互为父母，互为子女。当思拯拔，何忍杀乎？一切众生，皆有佛性，于未来世，皆当成佛。我若堕落，尚望拔济。又既造杀业，必堕恶道。酬偿宿债，辗转互杀，无有了期。由是思之，何敢杀乎？然杀生之由，起于食肉。若知如上所说因缘，自不敢食肉矣。又愚人谓肉为美，不知本是精血所成。内盛屎尿，外杂粪秽，腥臊臭秽，美从何来？常作不净观，食之当发呕矣。又生谓人及禽兽，蛆虫鱼虾，蚊虫蚤虱，凡有命者皆是。不可谓大者不可杀，小者可杀也。佛经广说戒杀放生功德利益，俗人不能得读。当观安士先生万善先资，可以知其梗概矣。

不偷盗者，即是见得思义，不与不取也。此事知廉耻者，便能不犯。然细论之，非大圣大贤，皆所难免。何也？以公济私，克人益己，以势取财，用计谋物，忌人富贵，愿人贫贱。阳取为善之名，遇诸善事，心不认真。如设义学，不择严师，误人子弟。施医药，不辨真假，误人性命。凡见急难，漠不速救。缓慢浮游，或致误事。但取塞责了事，靡费他人钱财。于自心中，不关紧要。如斯之类，皆名偷盗。以汝等身居善堂，故摘其利弊而略言之。

不邪淫者,俗人男女居室,生男育女,上关风化,下关祭祀,夫妇行淫,非其所禁。但当相敬如宾,为承宗祀。不可以为快乐,徇欲忘身。虽是己妻,贪乐亦犯,但其罪轻微。若非己,苟合交通,即名邪淫,其罪极重。行邪淫者,是以人身行畜生事。报终命尽,先堕地狱饿鬼,后生畜生道中,千万亿劫,不能出离。一切众生,从淫欲生,所以此戒难持易犯。纵是贤达,或时失足,何况愚人?若立志修持,须先明利害及对治方法。则如见毒蛇,如遇怨贼,恐畏怖惧,欲心自息矣。对治方法,广载佛经,俗人无缘观览,当看安士先生《欲海回狂》,可以知其梗概矣。

不妄语者,言而有信,不虚妄发也。若见言不见,不见言见,以虚为实,以有为无等,凡是心口不相应,欲欺哄于人者皆是。又若自未断惑,谓为断惑;自未得道,谓为得道,名大妄语,其罪极重。命终之后,决定直堕阿鼻地狱,永无出期。今之修行而不知佛法教理者,比比皆是。当痛戒之,切要!切要!

以上四事,不论出家在家,受戒不受戒,犯之皆有罪过,以体性是恶故也。然不受戒人,一层罪过。受戒之人,两层罪过。于做恶事罪上,又加一犯戒律。故若持而不犯,功德无量无边。切须勉之。

不饮酒者,酒能迷乱人心,坏智慧种。饮之令人颠倒昏狂，妄作非为，故佛制而断之。凡修行者，皆不许饮。并及葱、韭、薤、蒜等五种荤菜，气味臭秽，体不清洁。熟食发淫，生啖增恚。凡修行人，皆不许食。然此一事，未受戒者，饮之食之，皆无罪过。受戒饮食，一层罪过，即是犯佛戒罪。佛已禁制，汝又去犯，故有罪也。

十善者

一不杀生、二不偷盗、三不邪淫、四不妄言、五不绮语、六不两舌、七不恶口、八不悭贪、九不嗔恚、十不邪见。

此中前三名身业，中四名口业，后三名意业。业者，事也。若持而不犯，则为十善。若犯而不持，则为十恶。十恶分上中下，感地狱、饿鬼、畜生三恶道身。十善分上中下，感天、人、阿修罗三善道身。善因感善果，恶因感恶果。决定无疑，丝毫不错也。

杀、盗、淫、妄，已于五戒中说。绮语者，谓无益浮词，华妙绮丽，谈说淫欲，导人邪念等。两舌者，谓向彼说此，向此说彼，挑唆是非，斗构两头等。恶口者，谓言语粗恶，如刀如剑，发人隐恶，不避忌讳。又伤人父母，名大恶口，将来当受畜生果报。既受佛戒，切莫犯此。悭贪者，自己之财，不肯施人，名之为悭。他人之财，但欲归我，名之为贪。嗔恚者，恨怒也。见人有得，愁忧愤怒。见人有失，悦乐庆快。及逞势逞气，欺侮人物等。邪见者，不信为善得福，作恶得罪。言无因果，无有后世。轻侮圣言，毁佛经教等。

　　然此十善，总该一切。若能遵行，无恶不断，无善不修。恐汝等不能体察，今略举其一二。当孝顺父母，无违无逆。委曲宛转，劝令入道。断荤吃素，持戒念佛，求生西方，了脱生死。父母若信，善莫大焉。如决不依从，亦勿强逼，以失孝道。但于佛前，代父母忏悔罪过，斯可矣。于兄弟则尽友，于夫妇则尽敬。于子女则极力教训，使其为良为善，切勿任意骄惯，致成匪类。于邻里乡党，当和睦忍让，为说善恶因果，使其改过迁善。于朋友则尽信，于仆使当慈爱。于公事则尽心竭力，同于私事。凡见亲识，遇父言慈，遇子言孝。若做生意，当以本求利，不可以假货哄骗于人。若以此风，化其一乡一邑，便能消祸乱于未萌，致刑罚于无用。可谓在野尽忠，居家为政矣。

3 卷三

印光大师智言慧语

去疑生信心

不可有一念疑心

　　净土法门，若信得及，何善如之。若己智有不了，即当仰信诸佛诸祖诚言，断不可有一念疑心。疑则与佛相背，临终定难感通矣。古人谓："净土法门，唯佛与佛乃能究尽。登地菩萨，不能知其少分。"夫登地大士，尚不全知，岂可以博地凡夫，妄生臆断乎？（书一·十三）

见贤思齐，当仁不让

　　果能生死心切，信得及，不生一念疑惑之心。则虽未出娑婆，已非娑婆之久客。未生极乐，即是极乐之嘉宾。见贤思齐，当仁不让。岂肯因循怠忽，以致一错而成永错乎哉！有血性汉子，断断不肯生作行尸走肉，死与草木同腐矣！勉旃！勉旃！（书一·十五）

三根普被，利钝全收

　　其余法门，小法则大根不须修，大法则小根不能修。唯兹净土一门，三根普被，利钝全收。上之则观音、势至、文殊、普贤，不能超出其外。下之则五逆十恶、阿鼻种性，亦可预入其中。使如来不开此法，则末世众生，欲即生了生脱死，便绝无企望矣。

　　然此法门如是广大，而其修行又极简易。由此之故，非宿有净土善根者，便难谛信无疑。不但凡夫不信，二乘犹多疑之。不但二乘不信，权位菩萨犹或疑之。唯大乘深位菩萨，方能彻底了当，谛信无疑。能于此法深生信心，虽是具缚凡夫，其种性已超二乘之上。喻如太子堕地，贵压群臣。虽其才德未立，而仗王力故，感如此报。修净土人，亦复如是。

至圆至钝，至简至易

　　净土法门，释迦、弥陀之所建立也，文殊、普贤之所指归也，马鸣、龙树之所弘扬也，匡庐、天台、清凉、永明、莲池、蕅益之所发挥倡导，以普劝夫若圣、若凡、或愚、或智也。此诸菩萨大士，于千百年前，早已为吾遍研藏教，特地拣出此不断惑业，得预补处，即此一生，定出樊笼，至圆至顿，至简至易，统摄禅教律，而高出禅教律，即浅即深，即权即实，殊特超越之天然妙法也。

业识茫茫，无本可据

刻实论之，大乘法门，法法圆妙。但以机有生熟，缘有浅深，故致益有难得与易得耳。善导弥陀化身也，其所示专修，恐行人心志不定，为余法门之师所夺。历叙初、二、三、四果圣人，及住、行、向、地、等觉、菩萨，末至十方诸佛，尽虚空，遍法界，现身放光，劝舍净土，为说殊胜妙法，亦不肯受。以最初发愿专修净土，不敢违其所愿。善导和尚，早知后人见此山望那山高，渺无定见，故作此说，以死尽辗转企慕之狂妄偷心。谁知以善导为师者，尚不依从。则依从之人，殆不多见。岂夙世恶业所，令于最契理契机之法，觌面错过，而作无禅无净土之业识茫茫，无本可据之轮回中人乎？哀哉！

（书一·四八）

众生习气，各有所偏

众生习气，各有所偏，愚者偏于庸劣，智者偏于高上。若愚者安愚，不杂用心，专修净业，即生定获往生，所谓其愚不可及也。若智者不以其智自恃，犹然从事于仗佛慈力，求生净土一门，是之谓大智。倘恃己见解，藐视净土，将见从劫至劫，沉沦恶道，欲再追随此日之愚夫，而了不可得。彼深通性相宗教者，吾诚爱之慕之，而不敢依从。何也？以短绠不能汲深，小楮不能包大，故也。非曰："一切人皆须效我所为。"若与我同卑劣，又欲学大通家之行为，直欲妙悟自心，掀翻教海，吾恐大通家不能成，反为愚夫愚妇老实念佛往生西方者所怜悯，岂非弄巧翻成大拙、腾空反坠深渊乎哉？一言以蔽之，曰："自审其机而已矣。"（书一·六五）

君子素其位而行

人之处世，一一须按当人本分，不可于分外妄生计虑，所谓"君子思不出其位"。又曰："君子素其位而行。"汝虽于净土法门，颇生信心，然犹有好高务胜之念头，未能放下，而未肯以愚夫愚妇自居。须知了生死，愚夫愚妇则易，以其心无异见故也。若通宗通教，能通身放下，做愚夫愚妇工夫，则亦易。否则通宗通教之高人，反不若愚夫愚妇之能带业往生。净土法门，以往生为主，随缘随分，专精其志，佛决不欺人。否则求升反坠，及自误耳，非佛咎也。（书二·八）

信愿俱足

信愿最要紧

须知西方极乐世界，莫说凡夫不能到，即小乘圣人亦不能到，以彼系大乘不思议境界故也。小圣回心向大即能到，凡夫若无信愿感佛，纵修其余一切胜行，并持名胜行，亦不能往生，是以信愿最为要紧。蕅益云："得生与否，全由信愿之有无。品位高下，全由持名之深浅。"乃千佛出世不易之铁案也。能信得及，许汝西方有分。（书一·二一）

全由持名深浅

若论念佛法门，唯以信、愿、行三法为其宗要。三法具足，决定往生。若无真信切愿，纵有真行，亦不能生。况悠悠泛泛者哉？蕅益所谓："得生与否，全由信愿之有无。品位高下，全由持名之深浅。"乃三世不易之常谈，三根普被之妙道也。宜通身靠倒，庶亲证实益耳！信、愿、行三法，《十要》中皆悉详示，而第一要，《弥陀要解》五重玄义中，第三明宗，发挥三法，最为精详。其后节节段段，皆有指示，宜细参阅，此不备书。（书一·二二）

真信切愿

欲生西方，最初须有真信切愿。若无真信切愿，纵有修行，不能与佛感应道交，只得人天福报，及作未来得度之因而已。若信愿具足，则万不漏一。永明所谓："万修万人去者。"指信愿具足者言也。（书一·二五）

不求世间福报

举凡礼拜读诵大乘经典，及做一切于世于人有益之事，悉皆以此回向西方，不可唯以念佛回向西方。其余功德，另去回向世间福报，则念不归一，便难往生。须知真能念佛，不求世间福报，而自得世间福报（如长寿无病、家门清泰、子孙发达、诸缘如意、万事古祥等）。若求世间福报，不肯回向往生，则所得世间福报，反为下劣。而心不专一，往生便难决定矣。（书一·二六）

免刀兵水火

念佛人但能真切念佛，自可仗佛慈力，免彼刀兵水火。即宿业所牵，及转地狱重报，作现生轻报。偶罹此殃，但于平日有真切信愿，定于此时蒙佛接引。若夫现证三昧，固已入于圣流，自身如影，刀兵水火，皆不相碍。纵现遇灾，实无所苦。而茫茫世界，曾有几人哉？（书一·四十）

念佛方法

从心而发

发愿文，文虽宏大，然须真实从心而发，方名为愿。否则心口相违，何名为愿？现世之愿，虽亦无妨。欲生福慧子孙，须从大积阴德、广行方便中求。（书一·十七）

回向

念佛、回向，不可偏废。回向，即信愿之发于口者。然回向，只宜早晚课毕，及日中念佛诵经毕后行之。念佛，当从朝至暮不间断，其心中但具愿生之念，即是常时回向。若夫依仪诵文回向，固不得常常如是。诸大乘经，经经皆令诸众生直成佛道，但恨人之不诚心念诵，致不得其全益耳。（书一·四二）

皆为净土助行

日用之中，所有一丝一毫之善，及诵经礼拜种种善根，皆悉以此功德，回向往生。如是，则一切行门，皆为净土助行。犹如聚众尘而成地，聚众流而成海，广大渊深，其谁能穷。然须发菩提心，誓愿度生。所有修持功德，普为四恩、三有，法界众生回向。则如火加油，如苗得雨。既与一切众生深结法缘，速能成就自己大乘胜行。若不知此义，则是凡夫二乘自利之见，虽修妙行，感果卑劣矣。（书一·五二）

回向法界众生

每日功课回向，一一当与法界众生。若此功课为此，彼功课为彼，亦非不可。然必又有普回向之愿，方为与三种回向相合。三种回向者，一回向真如实际，心心契合。二回向佛果菩提，念念圆满。三回向法界众生，同生净土。人各有志，人各有业（业，谓职业）。但随缘随分即

可，不必与一切人皆同也。（书二·六）

用心对治习气

字句从心而发

念佛欲得一心，必须发真实心。为了生死，不为得世人谓我真实修行之名。念时，必须字字句句，从心而发，从口而出，从耳而入。一句如是，百千万句亦如是。能如是，则妄念无由而起，心佛自可相契矣。又须善于用心，勿致过为执着，或致身心不安，或致起诸魔事。都摄六根，净念相继。依此而行，决无歧误。（书一·六六）

净土难遇

念佛时，不能恳切者，不知娑婆苦、极乐乐耳。若念人身难得，中国难生，佛法难遇，净土法门更为难遇。若不一心念佛，一气不来，定随宿生今世之最重恶业，堕三途恶道，长劫受苦，了无出期。如是，则思地狱苦，发菩提心。菩提心者，自利利他之心也。此心一发，如器受电，如药加硫，其力甚大，而且迅速。其消业障，增福慧，非平常福德善根之所能比喻也。（书一·七四）

以怖苦心念佛

念佛，要时常作将死、将堕地狱想，则不恳切亦自恳切，不相应亦自相应。以怖苦心念佛，即是出苦第一妙法，亦是随缘消业第一妙法。（书二·五）

成就净念

治习之心，唯勤唯切，而消习之效，未得未见，其故何也？盖以生死心不切，而只将此超凡入圣，消除惑业，成就净念，作口头活计，故无实效也。倘知人身难得，佛法难闻，净土法门更为难闻。今幸得此大丈夫身，又闻最难闻之净土法门，敢将有限光阴，为声色货利消耗殆尽，令其仍旧虚生浪死，仍复沉沦六道，求出无期者乎？直须将一个死字（此字好得很），挂到额颅上。凡不宜贪恋之境现前，则知此吾之镬汤炉炭也。则断不至飞蛾赴火，自取烧身矣。凡分所应为之事，则知此吾之出苦慈航也，则断不至当仁固让、见义不为矣。如是，则尘境即可作入道之缘，岂必屏绝尘缘，方堪修道乎？盖心有所主，不随境转，则即尘劳为解脱。所以《金刚经》屡屡令人心不住相。发心度尽一切众生，而不见能度之我，所度之人与众生，并所得之无余涅槃之寿者相，方为真行菩萨道。若见有我为能度，生为所度，及无余涅槃之所度法者，虽则度生，实于一乘实相之道，未能相契。以不了众生当体是佛，佛性不等，妄起凡情圣解，致无为利益成有为功德矣。何况声色货利，贪恋黏着乎哉？（书二·十六）

制心

念佛，不能纯一，必须制心不令外驰，久久自会纯一。成片者，纯一无杂之谓也。（书二·三二）

心常觉照

初心念佛，未到亲证三昧之时，谁能无有妄念？所贵心常觉照，不随妄转。喻如两军对垒，必须坚守己之城郭不令贼兵稍有侵犯。候其贼一发作，即迎敌去打。必使正觉之兵，四面合围。俾彼上天无路，入地无门。彼自惧遭灭种，即相率归降矣。其重要一着，在主帅不昏不惰，常时惺惺而已。若一昏惰，不但不能灭贼，反为贼灭。所以念佛之人，不知摄心，愈念愈生妄想。若能摄心，则妄念当渐渐轻微，以至于无耳。故云："学道犹如守禁城，昼防六贼夜惺惺，将军主帅能行令，不动干戈定太平。"（书二·四十）

思地狱苦，发菩提心

念佛，心不归一，由于生死心不切。若作将被水冲火烧，无所救援之想，及将死、将堕地狱之想，则心自归一，无须另求妙法。故经中屡云，思地狱苦，发菩提心。此大觉世尊，最切要之开示，惜人不肯真实思想耳。地狱之苦，比水火之惨，深无量无边倍。而想水冲火烧则悚然，想地狱则泛然着。一则心力小，不能详悉其苦事；一则亲眼见，不觉毛骨悚然耳。（书二·四二）

不随所转

所言俗务纠缠，无法摆脱者。正当纠缠时，但能不随所转，则即纠缠便是摆脱。如镜照像，像来不拒，像去不留。若不知此义，纵令屏除俗务，一无事事。仍然皆散妄心，纠缠坚固，不能洒脱。学道之人，必须素位而行，尽己之分。如是，则终日俗务纠缠，终日逍遥物外。所谓一心无住，万境俱闲，六尘不恶，还同正觉者，此之谓也。（书二·四十）

惟精惟一

设或根机陋劣，未能证入。且约生灭门中，指其趣证之方。既由迷心逐境，向外驰求，全智慧德相，变成妄想执着。固当惟精惟一，执持弥陀圣号，真信切愿，企其往生西方。持之久久，心佛一如。不离当念，彻证蕴空。妄想执着既灭，智慧德相亦泯。随其心净，则佛土净。不离当处，冥契寂光。唯此一处，方是吾人究竟安身立命之处。（跋·四）

执着我有

人生世间，幻住数十年。从有知识以来，日夜营谋，忙忙碌碌，无非为养身家、做体面、遗子孙而已。推其病根，只因执着有我，不肯放下。其念虑固结，虽佛与之说法，亦莫之能解。而于自己主人公本来面目，则反置之不问。任其随业流转，永劫沉沦，可不哀哉！（序·三二）

作已死想

嗔心，乃宿世之习性，今作我已死想，任彼刀割香

涂，于我无干。所有不顺心之境，作已死想，则便无可起嗔矣。（书二·六八）

海阔天空

所言嗔心，乃宿世习性。今既知有损无益，宜一切事当前，皆以海阔天空之量容纳之。则现在之宽宏习性，即可转变宿生之褊窄习性。倘不加对治，则嗔习愈增，其害非浅。至于念佛，必须按自己之精神气力，而为大声、小声、默念，及金刚念（即有声，别人听不见者，持咒家谓之金刚念）之准则，何可过猛，以致受病？此过猛之心，亦是欲速之病。今既不能出声念，岂心中亦不能默念，何可止限十念乎？况卧病在床，心中岂能一空如洗，了无有念。与其念他事，何若念佛名号之为愈乎？是宜将要紧事务，交代家人，长时作将死、将堕地狱想，心中不挂一事。于此清净心中，忆想佛像，及默念佛名，并观世音菩萨像及名号。果能如是，决定业障消除，善根增长，疾病痊愈，身心康健矣。盖阁下之病，属于宿业，因念佛过猛而为发现之缘，非此病完全系念佛过猛而有。使不念佛，又当因别种因缘而得。世之不念佛者多多，岂皆不得一病，长年康健乎？了此，自不可误会，谓念佛致病，有损无益也。（书二·六七）

尽心竭力

业障重，贪嗔盛，体弱心怯，但能一心念佛，久之自可诸疾咸愈。《普门品》谓："若有众生，多于淫欲、嗔恚、愚痴，常念恭敬观世音菩萨，便得离之。"念佛亦然。但当尽心竭力，无或疑贰，则无求不得。（书一·四六）

忏悔无始宿业

每日除了己职分外，专心念佛名号。朝暮佛前，竭诚尽敬，恳到忏悔无始宿业，如是久之，当有不思议利益，得于不知不觉中。

《法华经》云："若有众生，多于淫欲，常念恭敬观世音菩萨，便得离欲。嗔恚、愚痴，亦然。"是知能至诚念弥陀、观音圣号者，贪嗔痴三惑，自可消除也。又现今乃患难世道，须于念佛外，加念观音圣号，冥冥中，自有不可思议之转回。庶不至宿业现前，无法躲脱耳。（书二·三九）

由观闻性证圆通

观世音菩萨，于往劫中，久已成佛，号正法明。但以慈悲心切，虽则安住常寂光土，而复垂形实报、方便、同居三土。虽则常现佛身，而复普现菩萨、缘觉、声闻，及人天六道之身。虽则常侍弥陀，而复普于十方无尽法界，普现色身。所谓但有利益，无不兴崇。应以何身得度者，即现何身而为说法。普陀山者，乃菩萨应迹之处，欲令众生投诚有地，示迹此山。岂菩萨唯在普陀，不在他处乎？一月丽天，万川影现，即小而一勺一滴水中，各各皆现全月，若水昏而动，则月影便不分明矣。众生之心如水，若一心专念菩萨，菩萨即于念时，便令冥显获益。若心不志诚、不专一，则便亦难救护矣。此义甚深，当看印光《文钞》中，《石印普陀山志序》自知。名观世音者，以菩萨因中，由观闻性而证圆通，果上，由观众生称名之音声而施救护，故名为观世音也。普门者，以菩萨道大无方，普随一切众生根性，令其就路还家，不独立一门。如世病有千般，则药有万品，不执定一法，随于彼之所迷，及彼之易悟处，而点示之。如六根、六尘、六识、七大，各各皆可获证圆通。以故法法头头，皆为出生死成正觉之门，故名普门也。若菩萨唯在南海，

则不足以为普矣。（书一·七七）

勉修行人

力修净业

人生世间，具足八苦。纵生天上，难免五衰。唯西方极乐世界，无有众苦，但受诸乐。经云："三界无安，犹如火宅。众苦充满，甚可怖畏。"人命无常，速如电光。大限到来，各不相顾。一切有为法，如梦幻泡影。于此犹不惺悟，力修净业，则与木石无情，同一生长于天地之间矣。有血性汉子，岂肯生作行尸走肉，死与草木同腐。高推圣境，自处凡愚。遇大警策而不愤发，闻圣贤佛祖之道而不肯行。是天负人耶？抑人负天耶？（书一·三一）

恶业现而专心念佛

心跳恶梦，乃宿世恶业所现之兆。然现境虽有善恶，转变在乎自己。恶业现而专心念佛，则恶因缘为善因缘。宿世之恶业，翻为今世之导师。惜世人多被业缚，不能转变，遂成落井下石，苦上加苦矣。（书一·四一）

厌此欣彼

身乃招苦之本，厌乃得乐之基。宿因厚而现善浓，则多劫之重报，转而现生轻受。罹灾戾而猛修持，则娑婆之痛苦，即是极乐导师。当作偿债之想，懊闷自消。倘生怨尤之心，罪障续起。逆来顺受，始为乐天知命之人。厌此欣彼，方是修净念佛之士。（书一·五九）

临终之事

一心同声念佛

人未终前，若彼自能沐浴更衣，则甚善。如其不能，断不可预行沐浴更衣，令彼难受疼痛，致失正念。以汝尚以未着法衣，令其盘膝趺坐为遗憾。不知当此之时，只好一心同声念佛，万万不可张罗铺排（如沐浴、更衣、令坐等）。若一张罗铺排，即成落井下石，切记！切记！（书二·五三）

退一步想

汝母何以病不见愈，盖以宿业所致，殆转重报后报，为现报轻报，于此时以了之乎？玄奘法师临终，亦稍有病苦，心疑所译之经，或有错谬。有菩萨安慰言："汝往劫罪报，悉于此小苦消之，勿怀疑也。"当以此意安慰汝母，劝彼生欢喜心，勿生怨恨心，则决定可蒙佛加被；寿未尽而速愈，寿已尽而往生耳。凡人当病苦时，作退一步想，则安乐无量。近来兵火连绵，吾人幸未罹此。虽有病苦，尚可作欲出苦之警策。则但宜感激精修，自得利益。否则怨天尤人，不但宿业不能消，且将更增怨天尤人之业，当与汝母说之。果能不怨不尤，净心念佛，其消业也，如汤消雪耳。（书二·六十）

只可念佛

至于丧祭，通须用素，勿随俗转。纵不知世务者，谓为不然，亦任彼讥诮而已。丧葬之事，不可过为铺排张罗。做佛事，只可念佛，勿做别佛事。并令全家通皆恳切念佛，则于汝母，于汝等诸眷属及亲戚朋友，皆有实益。有财力，多做功德。若丧事用度无出，即以之办丧事亦可。切勿硬撑架子，至有亏空，后来受窘，则不必矣。（书二·六十）

皆属自培自福

人一生事事皆可伪为，唯临死之时，不可伪为。况其无爱恋之情，有悦豫之色，安坐而逝，若非净业成熟，曷克臻此？但愿汝昆弟，与阖家眷属，认真为汝母念佛，不但令母亲得益，实则比自己念佛之功德更大。佛所以教人，凡诵经、持咒、念佛，做诸功德，皆为法界众生回向。平时尚为无干涉之法界众生回向，况母殁而不至心为母念佛乎？以能为一切众生回向，即与佛菩提誓愿相合，如一滴水，投于大海，即与大海同其深广。如未到海，则勿道一滴，即长江大河，固与大海天地悬殊也。是知凡施于亲，及一切人者，皆属自培自福耳。

因果之理

善恶不出身口意

一切不深穷理之士，与无知无识之人，若闻理性，多皆高推圣境。自处凡愚，不肯奋发勉励，遵循从事。若告以过去、现在、未来三世因果，或善或恶，各有其报，则必畏恶果而断恶因，修善因而冀善果。善恶不出身口意三。既知因果，自可防护身口，洗心涤虑。虽在暗室屋漏之中，常如面对佛天，不敢稍萌匪鄙之心，以自干罪戾。此大觉世尊，普令一切上中下根，致知、诚意、正心、修身之大法也。（序·十六）

断惑证真

佛法流通，利益无量。天机深者得其深，即可明心见性，断惑证真。天机浅者得其浅，亦可改恶修善，希圣希贤。良以如来设教，虽则正为出世，而随顺机宜，循循善诱，故于经世之道，亦复发挥净尽，毫善弗遗。遇父言慈，遇子言孝，兄友弟恭，夫唱妇随。凡一切伦常日用之道，与儒教所说，了无异致。其所异者，一一各示三世因果，善恶报应。使人心存敬畏，不敢逾越。虽在暗室屋漏之中，常如面对佛天。即下而贪残暴恶之伦，绝无信心，以久闻因果报应之事，其心已冥受制伏，亦不至十分酷烈。观于列国杀人殉葬，以多为荣，佛教东来，遂息此风，可以见矣。（疏·五）

如来四生慈父

佛法大无不包，细无不举。不但依之可以断惑证真，了生脱死。即格致诚正，修齐治平，明明德，止至善之道，若能会通佛法，则事半而功倍。以世间圣人所说，但止令人尽分。唯上智之人，方能恪遵。若在中下根性，则便漠然置之。佛则详示因果报应，生死轮回，及一切众生，皆具佛性，皆可成佛等事理。俾上智者，必期于证本有，下愚者，亦不敢肆意纵情，以膺未来之苦。势必改恶迁善，希圣希贤，虽在暗室屋漏之中，常如面对佛天。如来以三归、五戒、十善，普摄在家男女。能修五戒、十善，便可胜残去杀，反浇复淳，永离三途恶报，常享人天快乐。最浅者尚能如是，况其最深者乎？故知如来为三界大师，四生慈父，圣中之圣，天中之天。由是圣君贤相，通人达士，莫不依教修习，护持流通。以一切诸法，以心为本，唯有佛法，究竟发明故也。（杂著·二七）

因果之事

报通三世

经云："菩萨畏因，众生畏果。"菩萨恐遭恶果，预先断除恶因，由是罪障消灭，功德圆满，直至成佛而后已。众生常作恶因，欲免恶果，譬如当日避影，徒劳奔驰。每见无知愚人，稍作微善，即望大福。一遇逆境，便谓作善获殃，无有因果。从兹退悔初心，反谤佛法。

岂知报通三世，转变由心之奥旨乎？报通三世者，现生作善作恶，现生获福获殃，谓之现报。今生作善作恶，来生获福获殃，谓之生报。今生作善作恶，第三生，或第四生，或十百千万生，或至无量无边劫后，方受福受殃者，谓之后报。后报，则迟早不定，凡所作业，决无不报者。

转变由心者，譬如有人所作恶业当永堕地狱，长劫受苦。其人后来生大惭愧，发大菩提心，改恶修善，诵经念佛，自行化他，求生西方。由是之故，现生或被人轻贱，或稍得病苦，或略受贫穷，与彼一切不如意事。先所作永堕地狱，长劫受苦之业，即便消灭，尚复能了生脱死，超凡入圣。

《金刚经》所谓"若有人受持此经为人轻贱，是人先世罪业，应堕恶道，以今世人轻贱故，先世罪业，即为消灭，当得阿耨多罗三藐三菩提"者，即转变由心之义也。（书一·二八）

种稂莠不能得嘉谷

世人稍遇灾殃，不是怨天，便是尤人，绝无有作偿债想，生悔罪心者。须知种瓜得瓜，种豆得豆。种稂莠则不能得嘉谷，种荆棘则勿望收稻粱。作恶获福者，宿世之栽培深也。若不作恶，则福更大矣。譬如富家子弟，吃喝嫖赌，挥金如土，而不即冻馁者，以其金多也。倘日日如是，纵有百万之富，不几年即便家败人亡，扫地而尽矣。作善遇殃者，宿世之罪业深也。若不作善，则殃更大矣。譬如犯重罪人，未及行刑，复立小功。以功小故，未能全赦，改重为轻。倘能日日立功，以功多且大故，罪尽赦免，又复封侯拜相，世袭爵位，与国同休。（书一·二九）

乐天尽性

须知逆来顺受，始名乐天。修身植德，方曰尽性。世有愚人，不知夙生善恶，惟观眼前吉凶。见作善而得祸，便谓善不当为。作恶而得福，便谓恶不足戒。不知善恶之报，非一朝一夕之故，其所由来者渐。（书一·二九）

劫因

悟净缘，舍染缘

今之世道人心，陷溺已至极点。若不以因果报应，生死轮回，及一切众生，皆具佛性，皆可成佛为训，决难收效。以吾人一念心性，不变随缘，随缘不变。随悟净缘，则证三乘及佛法界。随迷染缘，则成人天及四恶趣法界。虽十法界之升沉苦乐，天地悬殊。而本有心性，在凡不减，在圣不增。倘谛了此义，虽使丧身失命，决不肯舍悟净缘，取迷染缘。以致永劫轮回，莫之能出也。

是知因果报应、生死轮回等法，乃标本同治，凡圣共由之大道。世出世间圣人，平治天下，度脱众生之大权也。当今之世，若舍此法，虽尧舜禹汤、文武周孔齐出，亦未如之何也已矣。（杂著·二八）

众苦充满

三界无安，犹如火宅，众苦充满，甚可怖畏。众生愚痴，常住其中，纵受极苦，不求出离。虽有本具佛性，由其背迷，反作起惑造业之本。以致经尘点劫，莫由解脱，可不哀哉！

况今世道人心，陷溺已极，杀劫之惨，亘古未闻。加以新学潮流，拨无因果。圣贤道义，斥为迂腐。任己臆见，而为提倡。盲引众盲，相牵入火。致令天灾人祸，相继降作。蚩蚩蒸民，诚堪怜悯。于是有心世道者，奋发大志欲为救援。以为此等业果，皆由唯知自私自利，不知三世因果，善恶报应。（杂著·三一）

禅法与净土

专究自心，专仗佛力

　　言取舍者，此约究竟实义为难（难者，反诘问也）。不知究竟无取无舍，乃成佛已后事。若未成佛，其间断惑证真，皆属取舍边事。既许断惑证真之取舍，何不许舍东取西，离垢取净之取舍。若参禅一法，则取舍皆非。念佛一法，则取舍皆是。以一属专究自心，一属兼仗佛力。彼不究法门之所以然，而妄以参禅之法破念佛，则是误用其意。彼无取舍，原是醍醐。而欲念佛者，亦不取舍，则便成毒药矣。夏葛而冬裘，渴饮而饥食。不可相非，亦不可固执。唯取各适其宜，则有利无弊矣。（书二·三一）

只为心头未悄然

　　参禅一事，谈何容易。古人如赵州谂禅师，从小出家，至八十余岁，尚且行脚，故有颂之者曰："赵州八十犹行脚，只为心头未悄然。"长庆，坐破七个蒲团，后方开悟。涌泉，四十年尚有走作。雪峰，三登投子，九上洞山。此等大祖师，大彻大悟，如是之难。彼魔子之徒，

一闻魔说，遂皆开悟，如前所说祖师，直是替他提鞋也无用处矣。（书一·三三）

久历荆棘，忽达康庄

不执着等语，理则是，而事非博地凡夫之所能为也。终日穿衣吃饭，侈谈不执饥寒。与终日枵虚，不得杯水粒米，饿且将死，而谓人曰：吾视龙肝凤髓，直同秽物，思之即呕。况其下者乎？同一空谈耳。

今时不明教理，即参禅宗者，每多中此空解脱病。至于静坐澄思，空境现前，不过以静澄伏妄，偶尔发现之幻境耳。若错认消息，生大欢喜，则丧心病狂，佛亦难医矣。幸能体察而不执着，弃舍幻妄，卒得贯通诸法法门。可谓久历荆棘，忽达康庄矣。

末世人根陋劣，知识希少。若不仗佛慈力，专修净业。但承自力，参叩禅宗。不第明心见性，断惑证真者，罕有其人。而以幻为真，以迷为悟，着魔发狂者，实繁有徒矣。所以永明、莲池等，观时之机，极力主张净土法门也。（书一·三八）

禅净真相

禅者，即吾人本具之真如佛性，宗门所谓父母未生以前本来面目。宗门语不说破，令人参而自得，故其言如此。实即无能无所，即寂即照之离念灵知，纯真心体也（杂念灵知者，了无念虑，而洞悉前境也）。净土者，即信愿持名，求生西方，非偏指唯心净土，自性弥陀也。有禅者，即参究力极，念寂情亡，彻见父母未生前本来面目，明心见性也。

有净土者，即真实发菩提心，生信发愿，持佛名号，求生西方也。禅与净土，唯约教约理。有禅有净土，乃约机约修。教理，则恒然如是，佛不能增，凡不能减。机修，须依教起行，行极证理，使其实有诸己也。二者，文虽相似，实大不同。须细参详，不得优侗。

倘参禅未悟，或悟而未彻，皆不得名为有禅。倘念佛偏执唯心，而无信愿，或有信愿，而不真切，悠悠泛泛，敷衍故事。或行虽精进，心恋尘境。或求来生生富贵家，享五欲乐。或求生天，受天福乐。或求来生，出家为僧，一闻千悟，得大总持，弘扬法道，普利众生者，皆不得名为有净土矣。（论·五）

禅净双修

有禅有净土，犹如戴角虎，现世为人师，来生做佛祖者。

其人彻悟禅宗，明心见性。又复深入经藏，备知如来权实法门。而于诸法之中，又复唯以信愿念佛一法，以为自利利他通途正行。《观经》上品上生，读诵大乘，解第一义者，即此是也。其人有大智慧有大辩才。邪魔外道，闻名丧胆。如虎之戴角，威猛无俦。有来学者，随机说法。应以禅净双修接者，则以禅净双修接之。应以专修净土接者，则以专修净土接之。无论上中下根，无一不被其泽，岂非人天导师乎？至临命终时，蒙佛接引，往生上品。一弹指顷，华开见佛，证无生忍，最下即证圆教初住。亦有顿超诸位，至等觉者。圆教初住，即能现身百界做佛。何况此后，位位倍胜，直至第四十一等觉位乎？故曰："来生做佛祖也。"（论·六）

感应道交，即蒙摄受

无禅有净土，万修万人去，若得见弥陀，何愁不开悟者。

其人虽未明心见性，却复决志求生西方。以佛于往劫，发大誓愿，摄受众生，如母忆子。众生果能如子忆母，志诚念佛，则感应道交，即蒙摄受。力修定慧者，固得往生。即忤逆十恶，临终苦逼，发大惭愧，称念佛名，或至十声，或止一声，直下命终，亦皆蒙佛化身，接引往生。非万修万人去乎？然此虽念佛无几，以极其猛烈，故能获此巨益，不得以泛泛悠悠者校量其多少也。

既生西方，见佛闻法，虽有迟速不同。然已高预圣流，永不退转。随其根性浅深，或渐或顿，证诸果位。既得证果，则开悟不待言矣。所谓："若得见弥陀，何愁不开悟也。"（论·六）

菩提路远

有禅无净土，十人九蹉路，阴境若现前，瞥尔随他去者。

其人虽彻悟禅宗，明心见性，而见思烦恼，不易断除。直须历缘煅炼，令其净尽无余。则分段生死，方可出离。一毫未断者，姑勿论。即断至一毫未能净尽，六道轮回，依旧难逃。生死海深，菩提路远。尚未归家，即便命终。大悟之人，十人之中，九人如是。故曰："十人九蹉路。"蹉者，蹉跎。阴境者，中阴身境，即临命终时，现生及历劫，善恶业力所现之境。此境一现，眨眼之间，随其最猛烈之善恶业力，便去受生于善恶道中，一毫不能自作主宰。如人负债，强者先牵。心绪多端，重处偏坠。五祖戒再为东坡，草堂清复作鲁公，此犹其上焉者。故曰："阴境若现前，瞥尔随他去也。"谓由此业力，盖覆真性，不能显现也。有以蹉为错，以阴境为五阴魔境者，总因不识禅及有字，故致有此胡说八道也。岂有大彻大悟者，十有九人，错走路头，即随五阴魔境而去，着魔发狂也。夫着魔发狂，乃不知教理，不明自心，盲修瞎练之增上慢种耳。何不识好歹，以加于大彻大悟之人乎？所关甚大，不可不辨。（论·六）

仗佛慈力

达摩西来，传佛心印，直指人心，见性成佛。然此所见所成，乃指吾人即心本具之天真佛性而言，令人先识其本，则一切修证等法，自可依之进趣，以至于修无可修、证无可证而后已。非谓一悟即成福慧两足，圆满菩提之究竟佛道也。喻如画龙点睛，令其亲得受用耳。由是腾辉震旦，炳焕赫奕，即心即佛之道，非心非佛之法，遍布寰区，天机深者，于一机一境，识其端倪。则出词吐语，自离窠臼。入死入生，了无罣碍。得大解脱，得大自在矣。倘根机稍劣，纵得大悟，而烦恼习气未能净尽，依然还是生死中人。出胎隔阴，多致迷失。大悟者尚如是，况未悟乎？固宜专心致志于仗佛慈力之净土法门，方为千稳万当之计也。（序·二七）

悟证

亲见归路

悟者，了了分明，如开门见山，拨云见月。又如明眼之人，亲见归路。亦如久贫之士，忽开宝藏。证者，如就路还家，息步安坐。亦如持此藏宝，随意受用。悟则大心凡夫，能与佛同。证则初地不知二地、举足下足之处。识此悟证之义，自然不起增上慢，不生退屈。而求净土之心，万牛亦难挽回矣。（书一·四九）

出版后记

　　星云大师说："我童年出家的栖霞寺里面，有一座庄严的藏经楼，楼上收藏佛经，楼下是法堂，平常如同圣地一般，戒备森严，不准亲近一步。后来好不容易有机缘进到藏经楼，见到那些经书，大都是木刻本，既没有分段也没有标点，有如天书，当然我是看不懂的。"大师忧心《大藏经》卷帙浩繁，又藏于深山宝刹，平常百姓只能望藏兴叹；藏海无边，文辞古朴，亦让人望文却步。在大师倡导主持下，集合两岸近百位学者，经五年之努力，终于编修了这部多层次、多角度、全面反映佛教文化的白话精华大藏经——《中国佛教经典宝藏》，将佛教深睿的奥义妙法通俗地再现今世，为现代人提供学佛求法的方便途径。

　　完整地引进《中国佛教经典宝藏》是我们的夙愿，

三年来，我们组织了简体字版的编审委员会，编订了详细精当的《编辑手册》，吸收了近二十年来佛学研究的新成果，对整套丛书重新编审编校。需要说明的是此次出版将丛书名更改为《中国佛学经典宝藏》。

佛曰：一旦起心动念，也就有了因果。三年的不懈努力，终于功德圆满。一百三十二册，精校精勘，美轮美奂。翰墨书香，融入经藏智慧；典雅庄严，裹沁着玄妙法门。我们相信，大师与经藏的智慧一定能普应于世，济助众生。

东方出版社

图书在版编目（CIP）数据

信愿念佛／印光　著；王静蓉　编．—北京：东方出版社，2015.9
（中国佛学经典宝藏）

ISBN 978 - 7 - 5060 - 8609 - 7

Ⅰ．①信⋯ Ⅱ．①印⋯②王⋯ Ⅲ．①佛教—研究

Ⅳ．① B948

中国版本图书馆 CIP 数据核字（2015）第 289519 号

信愿念佛

（XINYUAN NIANFO）

作　　者：印　光
编　　者：王静蓉
责任编辑：查长莲
出　　版：东方出版社
发　　行：人民东方出版传媒有限公司
地　　址：北京市东城区东四十条 113 号
邮政编码：100007
印　　刷：三河市中晟雅豪印务有限公司
版　　次：2016 年 12 月第 1 版
印　　次：2016 年 12 月第 1 次印刷
开　　本：880 毫米 × 1230 毫米　1/32
印　　张：6.25
字　　数：140 千字
书　　号：ISBN 978 - 7 - 5060 - 8609 - 7
定　　价：28.00 元
发行电话：（010）85924663　85924644　85924641